THE JAPANESE ASSOCIATION FOR THE STUDY ON ISSUES OF PERSONS WITH DISABILITIES

全障研第53回全国大会
報告集

みんなのねがい1月臨時増刊号

2019年８月３日(土)～４日(日)
長野
全国障害者問題研究会

第53回全国大会 報告集 CONTENTS

全　体　会

分科会報告

記録とまとめ

photo　木下浩一

大会の日程

会　場

全 体 会＝ホクト文化ホール
分 科 会＝信州大学教育学部、長野西高等学校、長野県農協ビル
学習講座＝長野市生涯学習センター

８月3日（土）		
12:00	受付	保育・なかまのつどい
12::45	オープニング 「親子でともに太鼓でつながる絆」	
13:00	開会　あいさつ 基調報告 重点報告	
14:00	文化行事 「いつもと同じ道だけど」 ～歌おう！語ろう！みんなみんなが主人公～	
14:30	休憩	
15:00	記念講演　窪島誠一郎さん 「無言館のこと」	
16:00	全国大会ガイダンス	
16:10	分科会運営者会議	
17:00	全障研全国総会	

８月4日（日）			
9:00	受付開始		
9:30	分科会	学習講座①	保育・なかまのつどい
12:00	12:00 休憩	休憩 休憩	
13:00	13:00 分科会	学習講座②③	
		休憩	
		学習講座④⑤ ④⑤	
16:20			
16:30	16:30		

全 体 会

主催者あいさつ

養護学校40周年の意義に学び、今日的課題を語り合おう

全国障害者問題研究会　全国委員長　**越野和之**

日本の各地から、ようこそお越しいただきました。今日のこの国の障害児者、関係者をとりまく状況を考えると、ここにおられる方それぞれに、毎日の暮らしやしごとの面でのさまざまな制約や困難があり、大会参加一つをとっても、いろいろなご苦労があったのではないかと拝察します。そうした困難をおしてお越しいただいた一人ひとりの方に、大会の主催者である実行委員会を代表して、心より歓迎のごあいさつを申しあげます。

全障研大会は今年で53回目、長野での開催は1983年、2004年に次いで３回目になります。本日に至るまで、さまざまな準備活動を重ね、これだけの方々をお迎えする態勢を整えていただいた全障研長野支部ならびに大会準備委員会のみなさまの努力に敬意を表し、心より連帯のあいさつを申しあげます。また今大会に後援や協賛をいただき、多大なご助力をいただいた長野県、長野市をはじめとする自治体の方々、教育行政や社会福祉協議会、教育団体、マスコミ、関係団体のみなさまにも厚く御礼申しあげます。

今年は、この国の学校教育制度が、もっとも障害の重い子どもたちを含め、文字通りすべての子どもたちを受けとめるための制度的な基礎を築いた1979年の養護学校義務制から数えて40周年にあたります。かつて、障害の重い子どもたちは、「学校教育にたえられない」とされ、学校教育を奪われていました。教育からの排除は、働く権利や政治参加の権利、人間らしく生きる権利からの排除につながっていました。そうした困難を打ち破り、すべての子どもたちの、人間らしいゆたかな発達を実現するために養護学校義務制をかちとってきたのは、私たちの先輩をはじめとする多くの人たちの運動の力でした。そこから40年、障害をもって生きる人たちの人間的諸権利とゆたかな発達の保障をめざすとりくみは、義務教育の前後においても、さらには青年期、成人期、高齢期にあっても、それぞれの課題をもちながらも、かつてとは比べようもないほどの発展を遂げています。

しかしその一方で、こうした成果を突き崩そうとする動きも急です。昨年来大きな注目を浴びてきた障害者に対する強制不妊手術をめぐる訴訟と政府の対応、官公庁における障害者雇用偽装問題など、障害のある人の尊厳を踏みにじって顧みない傾向も、その度合いを増しています。障害者権利条約の掲げる理念をゆたかに実現していくのか、憲法を変え、人権を制限して戦争への道を突き進むのかが鋭く問われています。

こうした中にあって、私たちの研究運動の役割もまた大きなものがあります。２日間の大会を通して、大いに語り合い、学び合いましょう。そして、この大会で得たものを各地に持ち帰り、障害のある人たちの人間的な諸権利と発達を保障するとりくみをすすめましょう。今大会に参加されたみなさまの力で、私たちの研究運動と障害児者の権利保障がゆたかに発展させられることを確信して、歓迎のあいさつといたします。

尊厳を認め合いながら幸せに生きられる社会を

全障研第53回全国大会（長野）準備委員長　**原　金二**

全障研第53回全国大会に全国からご参加された皆さんに、大会準備委員会を代表して心から歓迎の挨拶を申し上げます。

長野県での全国大会の開催は３回目となります。最初の大会は、1983年でした。1979年養護学校義務制から４年後でした。

全国大会において、全国の先進的な運動を学ぶことができた県内の保護者や教職員、関係者は力を合わせ、養護学校と高等部作り、高等部希望者全員就学、卒業後の作業所作りなどへと運動を発展させていきました。

２回目の全国大会は、2004年でした。この大会で「障害のある子どもの放課後保障全国連絡会」が誕生しました。今回の大会で、参加いただいた皆さんの力で、どんな成果を生み出すことができるのか楽しみです。

今大会のテーマは、「守ろう平和・いのち・人権　学びあおう発達保障」としました。国際障害者年（1981年）の国連決議「障害者のうち多数の者は、戦争及び他の形態の暴力の犠牲者…世界平和のため…」は今日的にも重要な課題のままです。

我が国においても「平和こそが、いのちや人権、社会保障全般の基盤」は喫緊の課題となっています。安保法制が強行され、防衛予算の増大に伴い社会保障関係予算が抑制され続け、９条をはじめとした憲法の改悪が企図されています。優生思想が根深く残り、いのちや人権が奪われ脅かされる事件が続発する現状を見たとき、これらが根底において繋がっているように思えてなりません。

全障研の「障害者の権利を守り、その発達を保障する」との理念は、国際的な人権条約の到達点として2006年に国連で採択された障害者権利条約と相通じ、思想的源流は日本国憲法にも通じています。

「全ての障害者は、他の者との平等を基礎として、その心身がそのままの状態で尊重される権利を有する」「障害のある人が能力や人格を最大限に発達させられるよう、国が役割を果たす」ことが当たり前となる社会が求められています。

15年ぶりに長野の地で、ご一緒に実践を交流し学びあい、障害の有無にかかわりなく、誰もが人としての尊厳を認め合いながら幸せに生きられる社会づくりを目指しましょう。

全国障害者問題研究会

第53回全国大会（長野）基調報告

常任全国委員会

はじめに

小学校１年生になったわが子の手を握りしめて初めて参加した2004年の全障研大会（長野）は、「まるで夢のような体験でした」と広島のお母さんからお便りがありました。「お友達に対する暴言について悩んでいることを共同研究者の先生に聞いてもらい、保護者の意見をありのまま丁寧に聞いてもらえたことで、全障研大会はみんなが対等の関係で話ができるんだ！と嬉しくなりました」。

同じとき、障害のある子どもの放課後生活を豊かにしたい、実践や運動を交流しようと、障害のある子どもの放課後保障全国連絡会（全国放課後連）が大会の夜に誕生しました。

障害者の権利を守り、発達を保障するために、理論と実践を統一的にとらえた自主的民主的研究運動をすすめる私たちの全国大会は、たくさんの出会いと感動を刻みながら53回を迎えました。そして３度目になる長野での全国大会を開催します。

国連で障害者権利条約が採択されて13年が経過したというのに、日本では、障害者の権利を侵害するできごとがつぎつぎと明るみに出てきています。

昨2018年に明らかになった障害者雇用の水増し問題。中央・地方省庁は40年にわたって法律を守らないばかりか、障害者雇用率をごまかしつづけていました。2017年、公表された雇用率2.49％は、実際は1.19％、3460人が水増しされていました。運動や国会での追及により、新たに採用試験が実施されましたが、合理的配慮の提供はまったく不十分で、知的障害者には実質的に門戸を閉ざしています。

４月24日、「旧優生保護法に基づく優生手術等を受けた者に対する一時金の支給等に関する法律案」が成立しました。審議過程では当事者の意見を聴きとる場はつくられず、国としての明確な謝罪も違憲性への言及もありませんでした。補償額は320万円と極めて低い水準です。５月28日には優生手術被害者を原告とする訴訟の仙台地裁判決がありました。判決は違憲性にふれながらも国家賠償責任を退ける理不尽なものでした。

10月に予定されている消費税増税も見逃せません。弱い立場にいる人ほど負担が大きい消費税増税が障害者や家族の暮らしに影響を与えることは必至です。

こうした中で、浅田訴訟の高裁全面勝訴判決は希望をもたらすものです。65歳になるにあたって介護保険申請をしなかったことを理由に障害福祉サービスを打ち切られた浅田達雄さんの訴えに対して、「岡山市の対応は不当」とする判決が示されました。障害者自立支援法違憲訴訟の基本合意は、「介護保険優先原則（障害者自立支援法第７条）を廃止し、障害の特性を配慮した選択制等の導入をはかること」を指摘しました。ところが10年経っても、国は介護保険優先原則と「自助・共助、公助」という従来の見解をくり返しています。浅田訴訟判決を力として、「基本合意」、そして障害者総合福祉法への「骨格提言」（2010年）の実現をめざしてさらなる運動が必要です。

浅田さんが訴えたように、障害があるために必要な支援を受けることは人間として当然の権利で

す。年齢や地域の違いによって異なる対応があってはなりません。障害があっても自分らしく生きることが保障される社会。これをめざしているのが障害者権利条約です。条約は締約国にその内容を履行しているか報告するよう義務づけています。2016年にその報告を提出した日本政府は、2020年に国連の権利委員会で報告内容の審査を受ける予定です。並行して権利委員会は民間から国内の現状と課題を報告するパラレルレポートを求めており、日本では日本障害フォーラム（JDF）が構成団体の意見と時間をかけた議論を経て、統一報告を作成しました。その内容は国内の障害者の権利保障の課題を網羅しており、今後の運動につなげていくうえでも重要です。

今年、私たちがとくに注視しなければならないのは憲法改悪をめぐる動きです。安倍首相は「新しい時代、新しい憲法を」の大キャンペーンのもと第９条に自衛隊を明記することに並々ならぬ執着を見せ、自民党は憲法改正を選挙公約に掲げました。「戦争と障害者の生きる権利は両立しない」を合い言葉に、改憲を許さない多くの人びとと手をつないでいきましょう。

1．子どもの福祉をめぐる情勢と課題

障害児の日中活動を支える福祉制度でもっとも大きな位置を占めるのは、児童発達支援と放課後等デイサービスです。主として乳幼児期を対象とする児童発達支援は6,400ヵ所、11万人（医療型を除く）、学齢期を対象とする放課後等デイサービスは13,000ヵ所、20万人（2019年１月、厚労省統計）と、ともに年々増加をつづけていますが、そこでは営利事業の進出もめだちます。「質の悪い事業所を減らす」という理由で2018年度から放課後等デイサービスに子どもの障害の状態にもとづく報酬差が設定されましたが、この報酬改定はていねいにととりくんでいる事業所に減収とそれにともなう困難をもたらしました。障害児支援制度の開始から７年を経過した現在、さまざまな矛盾が指摘されています。

矛盾の一つは、統計上の事業所の量的増加が、子どもに必要な療育や放課後活動の場が身近にあることになっていないことです。事業所が「乱立気味」の地域がある一方で、通う場所も開設の計画もないという地域があります。重症児のための

福祉サービスや事業所の不足も指摘されています。また地域療育の要として構想されている児童発達支援センターが未設置の市や圏域が少なくありませんが、厚労省はその実態を公表していません。事業者任せの事業所増ではなく、公的責任に基づく療育や支援の要求の把握と、それを踏まえた計画的整備を自治体に求めていく必要があります。

もう一つは、利用にいたるプロセスの課題です。ここには保護者のねがいを聞きとりながら子どもにとって必要な支援や通所につなげていく高い専門性が求められます。しかしこれを担当する相談支援事業所は、通所先や福祉サービスを決める計画づくりに追われる現状にあり、子どもの相談と支援という役割が十分に検討されていません。相談支援事業が子どもと家族の権利保障につながるためには、子どもの発達上の課題をつかむことや子育てのなかにある困難を解決する視点を共有することが必要です。多種多様な事業所が並ぶなかでの複数事業所利用などの現状も、子どもの視点から問い直すことが課題になっています。

私たちは1970年代から地域に生まれた子ども全員を把握することや、乳幼児健診などすべての子どもの健康と発達を保障する事業を公的に充実させることと結んで、障害の早期発見から療育にいたるシステムづくりをめざし運動や実践を重ねてきました。相談支援や療育、放課後活動への営利企業参入の流れが強まっている状況にありますが、健診や親子教室、療育のとりくみを見直し、母子保健、子育て支援、発達支援のつながりを、自治体の中に築いていく必要があります。

鹿児島県伊佐市では、1990年代、乳幼児健診や早期療育の大切さを学んだ親の会の運動ではじまった親子教室や療育教室などのとりくみを、2012年には公立児童発達支援センターに発展させ、同時にトータルサポートセンターを開設して、就学前から学齢期につながる相談支援体制を整備しています。自治体の責任を明確にした「義務療育」という言葉を生み出した、保健、福祉、保護者が一体となった取り組みに学びたいと思います。

療育の実際に目を向けていくと、○○療法やスキルを身につけることを看板にした事業所がめだちます。ここで注意したいのは、子どもとして毎

オープニング　親子でともに太鼓でつながる絆

8月3日（土）ホクト文化ホール12:45〜13:00

演目「飛龍三段返し」（作曲　小口大八）
「勇駒」（作曲　小口大八）
「絆」（作曲　赤羽昭二）

諏訪聾太鼓連の赤羽さんはご自身が聴覚障害があるのですが、これまでに長野県内の多くの子どもたちの太鼓サークルの指導・支援をしてくださっています。今回はそのお弟子さんの一つである「諏訪どんどん太鼓」という親子で15年以上太鼓に取り組んでいるサークルのみなさんと、まだスタートしたばかりの「長養さくら太鼓」のみなさんとの合同演奏をおこないます。（大会要項より）

日をどうすごすかという視点、とりわけ「子どもの生活と遊び」の視点が見落とされる傾向にあることです。通所が子どもから遊ぶことやゆっくり休む時間を奪っているといわざるを得ない実態もあります。就学までに到達すべき目標を押しつける保育所保育指針や幼稚園教育要領の問題点なども含めて、障害のあるなしにかかわらず、心と身体の基礎をつくる乳幼児期の実践で大切なことは何か、今大会でもしっかりと話し合いましょう。

10月実施予定の「幼児教育の無償化」によって、３～５歳児の児童発達支援の利用料はかからないことになります。しかし、この「無償化」は、障害者自立支援法施行以来、私たちが求めてきた応益負担のしくみをなくすこととは異なり、消費税率引き上げを財源とした付加的給付を行うものです。保育所待機児解消を棚上げにしたままに、設備の不十分な認可外施設・事業までもその対象とする可能性を含んでいるなど、保育・教育施策全体の問題として考える必要があります。

子どもの権利条約に関する国連権利委員会の勧告（2019年３月）は、障害児に対する施策全般にわたって、人的、技術的、財政的資源に裏打ちされた措置が不足していると指摘しています。子どもの権利を保障することを正面に据えた制度の確立と公的な財政措置を求める視点をもって、実践や運動を進めていきましょう。

２．教育をめぐる情勢と課題

１）安倍政権と障害児教育の課題

「はじめに」でふれた障害者雇用の水増し問題は「障害者は社会の役に立たない」という考え方の根深さの表れであり、「生産性のない人間にお金はかけない」という考え方は、障害のある子ども・青年たちの教育を差別的で不平等な位置に押しとどめています。改訂学習指導要領は「資質・能力」という言葉で、露骨に社会や経済成長に役立つ「人材の育成」を強要し、能力主義の教育をいっそう強めています。学校教育のみならず、ライフサイクル全体を見通して、人間が生きることと重ね合わせて教育のあり方が問われる時代にあるといえます。

障害の重い子どもの発達と教育の権利を実現してきた「権利としての障害児教育」の思想と実践は、社会的に最も弱い人たちを切り捨てながら改憲を推し進める安倍政権の新自由主義教育改革に抗するうえで重要です。『みんなのねがい』の連載「いのち・発達を保障するということ」（細渕富夫）にも学んで、すべての子ども・青年のいのちと尊厳を大切にする教育を実現し、平和憲法を守る取り組みのなかに障害児教育を位置づけていくことが求められます。

２）「人格の完成」をめざす「権利としての障害児教育」

今年、私たちは養護学校義務制実施40周年を迎えました。障害があるから、障害が重いからと、教育からも福祉からも不当に締め出され、多くの子どもと家族が涙を流した時代がありました。大会開催地・長野県の養護学校でも、厳しい「入学選考」を強いられ、「おむつがとれていない」「まだ歩けない」という理由で「不合格」とされる子どもたちがいました。

私たちの先輩は、重い障害のある子どもたちを就学猶予・免除として切り捨て、人間的に豊かに学び育ちたいという子どものねがいを顧みることなく、「社会の迷惑にならない愛される障害者」になることをめざす「特殊教育」の考え方や仕組みを鋭く批判してきました。そして、権利としての障害児教育という考え方に依拠して、「どんなに障害の重い子どもも発達する」、「学校に子どもを合わせるのではなく、子どもに合った学校をつくろう」と、子どもの発達の事実や保護者のねがいに学びながら、養護学校義務制を勝ちとってきました。教育権保障運動はその後、卒業後の進路保障、高等部希望者全入、休日・放課後保障などの運動へと発展しました。さらに今、青年期教育の理念を大切にした「18歳以降」の学びを保障する多様な実践も広がっています。

しかし、特別支援学校高等部などで行われている「職業検定」が象徴するように、「働ける障害者」「タックスペイヤー（納税者）」の育成をめざす教育が教室に入り込んでいます。長野県でも現場の反対を押し切り「清掃技能検定」が始まっ

ています。「愛される障害者」にしようとする「特殊教育」観はけっして過去のものとは言えません。教師が事前に本を散らかしておいた教室を清掃させる小学部の生活単元学習、同世代の子どもが通う地域の中学校に出向いて清掃をする高等部の作業学習など、障害のある子ども・青年たちの人間としての尊厳を傷つけ、「学びたい」というねがいを不当に押さえつける学校の現実があります。

通常教育との「学びの連続性」を強調して障害のある子ども・青年たちの学び方の固有性を軽視するかたちで「教科」の指導を押しつけ、特別な手立てや教育の場を否定する動きにも目を向けなければなりません。教育の目的は「人材の育成」ではなく「人格の完成」にあり、その目的を実現するために、子ども・青年たちの発達に必要な文化を手渡しながら、平和で民主的な社会をつくる主人公を育むことが学校の役割です。子ども・青年たちの「学びたい」というねがいを深く聴きとりながら、その普遍的なねがいに応えるために「子どもに合った」授業や教材、学校生活がどうあるべきかを語り合い、考え合いましょう。

3）教育条件整備の課題と教職員の長時間労働

JDFのパラレルレポートは「教育現場における過度な競争、エリート主義、能力主義の進行」により、障害のある子どもが通常学校から「排除」されていると指摘しています。安心できる学びを求めて特別支援学校、特別支援学級、通級指導教室に通う子どもが増え続けているにもかかわらず、教育条件が整備されないままに推移しています。その結果、たとえば特別支援学校の規模が大きくなり、過密な状態が進行して教育活動が制約されています。長野県でも会議室の教室転用、廊下で行う体育の授業という実態が放置されています。在籍者が倍増し子どもの実態も多様化している特別支援学級では、現行制度の限界が現れています。医療的ケアが必要な通学児が増え特別支援学校の看護師配置はすすみつつあるものの、学ぶ場を選択することができない、スクールバスに乗車できない、保護者の付添いが求められるなど、医療的ケアを必要としない子どもとの間に不平等な状況があります。特別支援学校の学校設置基準の策定、特別支援学級編制基準の改善、実態に応じた重度重複学級の開設は必須の課題です。『障害者問題研究』第47巻１号の特集（特別支援学級の意義と今後の課題）も活用しながら、各地の実態をつかみ、教育条件整備の課題を明らかにしていきましょう。

教職員の長時間・過密労働の解消は切実な課題です。中教審「学校における働き方改革特別部会」が「多様な働き方」という名目で「変形労働時間制」の導入を検討していますが、教員配置の基準（定数）を改善するなどの切実な現場の要求に目を向けず、多忙化の根本的な解決になりません。教職員がゆとりをもって子どもの教育に専念し、互いに学び合い専門性を高め合っていけるような教育環境、教員定数の改善に向けた運動が求められます。

４）豊かな文化を手渡していく教育実践の創造

日々書類の作成に追われ、パソコンに向かわざるをえないなかで、教師が授業や子どもたちのことについて話をする時間が十分にとれない現状があります。そうしたなかで指導のマニュアル化が進められ、「学校スタンダード」に沿った画一的な指導が、成果が目に見える目標や「できる・できない」という評価を求め、子ども・青年たちを「早く、早く」と追い立てています。多忙化のもとで進められる指導のマニュアル化や「学校スタンダード」は、知らず知らずのうちに教師から「自分で考える」自由と時間を奪います。

けれども、子どもたちは一人一人違います。それぞれにねがいをもち、かけがえのない個性をもった存在です。教師たちも、そうした子ども一人一人のねがいに応えてあえてじっくりとかかわりたいとねがっています。そうした「子どもとかかわりたい」「よい授業がしたい」というねがいに応えるためにも、サークルや『みんなのねがい』の読者会のように、日々の悩みや疑問を率直に出し合い、実践について自由に語り合える場が大切なのです。昨年度の『みんなのねがい』の連載「いま手渡したいこと」（越野和之）は「教師にあこがれと自分の頭で考える自由を」という言葉で締めくくられています。目の前の子どもの事実に即して自分の教育実践を振り返り、同僚の実践にも学び、話し合える場をつくりながら、子どものねがいを受けとめ、子どもたちに豊かな文化を手渡していく教育実践を創造していきましょう。

３．成人期の情勢と課題

尊厳ある生存に必要な社会保障、社会福祉の予算が抑制され、格差が広がり、貧困が増大するなか、障害者の生活の実態は、より厳しくなりつつあります。家族による介助が当然視される日本社会の現状のもと、「8050問題」と呼ばれる中高年の障害者と介護が必要になった親の共倒れや、親亡きあとにきょうだいが抱え込まざるをえないケースも報告もされています。障害者への生活支援はもとより、家族やそのほかの支援者が直面する困難にも目を向けなければなりません。100万人を超えると言われる「ひきこもり」の中には、支援も理解もないまま日中活動の場や仕事の場から排除されてしまった障害のある人の割合が高いことも指摘されています。障害があるために働くことができずに生活保護を利用する人も増えています。障害者の生活保護世帯は10年間で1.5倍に増加し、生活保護を利用する障害者は約38万５千人（2015年度）で、全利用者の18％を占めています。

この間の障害者関係施策は、こうした生活の困難には目を背け、根本的解決策を検討することもせず、ひたすら財政縮減をめざしています。そのことは、これまで以上に成果主義を打ち出した2018年度報酬改定にも現れています。たとえば、就労継続支援B型の工賃の高低と連動させた報酬単価のランク化などが導入され、その結果、約６割の事業所が減収との回答がありました（きょうされん調査）。多くの事業所が、生活支援上の多様なねがいに応えるために基準以上の支援をしていますが、そうしたとりくみに見合う報酬が得られないために躊躇したり、加算を得るための事業拡大という発想に流れてしまったりと、社会福祉の仕事の本質を見失いかねない現実もあります。相談支援でもじっくりと聞きとりをしたいのに多忙化は改善されるどころか、悪化しています。社会福祉分野、特に障害者福祉分野で働く若者の減少、人手不足の慢性化は、これまで通り日中の活動や余暇、地域生活を支えることができなくなる事態を生み出しています。

こうした状況があるにも関わらず、国の政策は、まずは本人や家族が自己責任で努力する「自助」を強い、足りないところは地域で助け合う「共助」で解決するよう誘導し、人間らしく自分らしく地域で生活を営むための施策を放棄し、公的責任を曖昧にしたままの「全世代型社会保障」を具体化しようとしています。しかし、官公庁の障害者雇用の水増し問題や裁量労働制をめぐる資料隠し、統計処理の恣意的操作など、不正が後を絶たず、施策の根拠そのものが信頼できないという事態を生んでいます。

あらためて障害者の尊厳を保障する社会をめざした障害者権利条約を学習し、生きる権利、働く権利、学ぶ権利などの諸権利の実現に向け、ねばり強く研究を重ね、実践や運動を展開することが重要になっているといえます。「はじめに」でもふれた浅田訴訟の判決は、すでに各地で同様の思いを抱いて立ち上がった障害者を励まし、自治体の対応にあらたな変化も生まれています。旧優生保護法に基づく優生手術を受けた人による裁判、障害者が参加する生活保護基準引き下げに抗する裁判など、人間の尊厳をかけ、自分らしく生きる権利、子どもを産み育てることを決定する権利といった一つひとつの権利を社会全体で承認していくための運動を、権利条約の実現という視点に立ってみのりあるものにしていきましょう。

喫緊の課題になっている「暮らしの場」もこうした権利条約の視点で検討することが必要でしょう。条約第19条では「自立した生活及び地域社会への包容」を掲げ、「障害者が他の者との平等を基礎として、居住地を選択し、及びどこで誰と生活するかを選択する機会を有すること並びに特定の生活施設で生活する義務を負わないこと」としています。日本でも「骨格提言」では、「地域で自立した生活を営む基本的権利」として、「自らの意思に基づいてどこで誰と住むのかを決める権利、どのように暮らしていくのかを決める権利」の保障を謳っています。しかし国は「地域共生社会」の実現を掲げはするものの、親・家族による介護を第一義として位置づけ、公的責任をさらに大きく後退させようとしています。

昨年の全国大会（埼玉）では、「入所施設やグループホームなどの暮らしの場を考える」特別分科会を開催し、埼玉、岡山の「暮らしの場を考える会」のレポートなどを中心に、40人が集まってとりくみを交流して学びあいました。今年の全国大会でも引き続き特別分科会で経験交流や討論を行います。

障害のある人が地域の中で、自分らしい生活を築いていくためには、まず、家族依存を前提とする現在の障害者支援制度の枠組みを脱して社会的な支援に転換していくことが必要です。あわせて、入所施設の抜本的改善と地域生活を支える拠点としての機能や役割を明らかにしていくこと、グループホームの制度の改善を求めたとりくみなどを検討し、「選択できる暮らしの場」の保障をめざす運動を大きく広げていくことが求められています。

４．研究運動の課題

1）「障害者の権利を守り、発達を保障する」思想を深く学ぼう

2016年７月、津久井やまゆり園での凄惨な事件と、その動機として表明された言説は、私たちに強い衝撃を与えました。しかし、これを特異な事件とみることはできません。旧優生保護法下での強制不妊手術問題や障害者雇用水増し問題などは、障害者の人間としての尊厳を認めず、人間らしく生きる権利を蔑ろにして省みないという点で、相模原の事件の背景として語られた思想に連なるものです。「障害のある人の尊厳と権利保障」を特集した『障害者問題研究』46巻４号では、今日のわが国において、障害のある人々の尊厳を傷つけ、その存在自体を脅かそうとする事象がさらに広範に存在することを明らかにしています。

こうした状況を見すえつつ、しかし、それにたじろがずに、障害者やその家族とともに生きる道を歩むことは簡単なことではありません。そうし

た状況の中で、本当に障害のある人たちの「味方になる」ためには、人権思想とその歴史的な発展に深く学ぶことを通して、権利侵害の事実を鋭敏にとらえる目と、障害者の奪われた権利を取り戻し、傷つけられた尊厳を回復することへの確信をわがものにする必要があります。

国際社会は、第二次世界大戦以降の人権法規によって、人権に関する国際的な合意の水準を高めてきました。その到達点が障害者権利条約です。一方、日本では戦争の悲惨とアジア諸国に対する侵略と植民地支配への深い反省から、「憲法を暮らしに生かす」という考え方にもとづく運動が息長く取り組まれてきました。全障研が深めてきた「障害者の権利を守り、その発達を保障する」という理念も、この思想を、障害のある人の現実に具体的に生かしていこうとする中で提起されたものです。

人権思想の到達点としての障害者権利条約と、障害児者、家族の権利保障を実現していくことを志向して提起された発達保障という思想の両者を深く学び、その合流のイメージを鮮明にしていくところにこそ、障害者の尊厳を否定し、権利を奪おうとする動向と対峙し、障害のある人々を人間として大切にする道すじが見えてきます。

2）目の前の事実から出発する研究運動の展開を

私たちの研究運動は、現実に潜む権利侵害を、実践と運動を通して一つずつ目に見える形にしていくとりくみのうちに、障害者と家族を人間として大切にするための道すじを見出してきました。そのための重点の一つは、権利侵害の具体的な事実を明らかにし、うちに秘められた「人間らしく生きたい」という障害児者・家族のねがいをていねいに聴きとるとりくみです。

特別支援教育の発足から12年が経過しました。この春高等学校や特別支援学校高等部を卒業した青年は、「特別支援教育元年」の１年生です。この人たちの12年間の学校教育は、果たして「一人一人のニーズを把握し、適切な指導と必要な支援を」確かに届けるものになっていたのか、地域ごと、学校ごとの事実に即した検証がなされるべき時期を迎えています。

同時期に強行された障害者自立支援法などは、

ギャラリー　いきること、つくること展

8月3日（土）ホクト文化ホール１階展示室12:00～19:00

☆信州親子塾のみなさんによる展示

- スタモン
- プラレールアート
- スマホケースアート

☆優太君のライダーベルト

☆辰野東小・特別支援学級のみなさんの共同作品

☆ひろむくんこころのつぶやき

障害児者支援の分野に、支援を商品とみなす市場原理を本格的に持ち込むものでした。10余年を経て障害児者支援の実践はどのような変化を被ったのか、生活実態はどのような状況におかれているのか、リアルに把握する調査活動が必要です。

この間の教育制度、福祉制度の変容は、「地方分権」などの名による公的責任の縮減と、地域格差の増大を一つの特徴とします。そうした状況の下で私たちの研究運動に求められるのは、地域ごとの実態をていねいに明らかにし、その交流などを通して、地域格差の実態や、権利侵害の多様な現れを具体的に明らかにすることです。目の前の小さな事実を切り口にして、それぞれの地域で実態調査を進めましょう。小さな事実が全国大会をはじめとする各種の研究集会に持ち寄られ、交流されることで、地域ごとに多様な姿をとる権利侵害の事実が総体として明らかにされ、それに抗する運動と実践の課題が明確になっていきます。

3）実践を語りあい聴きとりあって、ねがいでつながろう

「目の前の事実から」という際にもう一つ大切にしたいのは、一人ひとりが実践を語り、綴ること、それを聴き合い、そこに込められた実践者のねがいと、子どもや仲間の変化をていねいにつかみ、意味づけることです。

この間、障害児者の教育や福祉の分野に自らの生きがいを重ねて生きていこうとする人々は確実に増えています。また、発達障害など見えづらい障害を抱えて葛藤する子どもや若者への支援へと実践の裾野が広がっています。発達保障ということばや全障研に初めてふれたという人が、障害をもちながら懸命に生きる人びとやその家族に出会い、人間的なねがいのあらわれにふれて、その実現のために自らの力を発揮したいと思うこと、そこにこそ、障害のある人たちの権利保障につながる確かな力があります。そうしたねがいは、この分野で努力を重ねてきた先輩たちの実践に出会うことで、自らのねがいを実現していく方向性を鮮明にし、より自覚的な実践へのねがいを育んでいきます。

私たちの研究運動は、こうした実践者のねがい、その基礎に位置づく障害のある人々のねがいへの気づきをていねいに聴き取りあい、同じように悩みながら取り組まれてきた先行する実践との出会いをつくる場でありたいと考えます。どうか、自らの悩みやねがい、それの基礎にある「小さな事実」を、勇気をもって語ってください。一人一人の小さなつぶやきが持ち寄られ、響きあってこそ、「効率」や「生産性」という一面的な価値観が圧倒するかに見えるこの社会のうちにあって、目の前の子どもたち、青年たち、成人の方たちのねがいに応え、この人たちの「味方」になっていくための道すじが見出されていくのだと思います。

4）発達保障思想の深化にむけて

権利侵害の事実を一つずつ明らかにすること、それと対峙する実践の事実をていねいに語り合い、聴きとり合うことを提起しました。こうしたとりくみが、人権思想とその歴史的な発展に学ぶとりくみと響き合う時、そこには、既存のものを学ぶという水準を超えて、これまでの人権思想・発達保障思想をさらに深化させていく契機がゆたかに生み出されていきます。

改訂特別支援学校学習指導要領は、通常学校との「学びの連続性」を強調することで特別支援学校の教育課程の独自性と柔軟性を縮減しようとしています。しかし、単に通常学校の学習指導要領を引き写せば、それがインクルーシブ教育につながるのでしょうか。障害者権利条約はインクルーシブ教育の目的として、「人間の潜在能力と尊厳、自己の価値についての意識の発達、人権、基本的自由及び人間の多様性の尊重の強化」をはじめとする３点を掲げています。そこに掲げられた目的を真に実現する教育とはどのようなものなのか、これは、子どもたちの姿と、その子たちととりくんだ実践の事実に基づく検討によってこそ明らかになっていく理論的な課題です。

市場化・商品化された障害児者支援制度の下で、子どもや仲間の生活は、日々異なるサービスを利用する形態を強いられ、生活の総体が見えにくくされています。しかし、子どもや仲間本人の側から見た時、生活は連続した総体として、一人

一人の発達に寄与したり、逆にそれを制約したりするはずです。ここには、子どもや仲間の発達を保障する生活の質とは何か、という問いが成り立ちます。成人期の「暮らしの場」のあり方をめぐる問題も、こうした視点からの吟味が求められる問題です。

このような理論的な諸問題について、実践を通して生み出された事実をもとに、旺盛に検討し、討論しましょう。こうした過程を通して、人権思想、発達保障思想を今日的な問題としっかりとかみ合わせ、今日の課題に即して深めていくことが求められています。

5）あなたも全障研へ

これらの課題は、たった２日間の全国大会のみで十分に応えられるものではありません。この大会で知ったこと、学んだこと、感動したことを、参加したみなさんがそれぞれの職場、地域に持ち帰り、参加できなかった仲間とも分かち合って、現実に即して深めていくことが大切です。そして、そこで取り組んだ実践や運動、そこで新たに作られた事実を、再び全国の仲間と交流し、深め合う場に持ち寄って下さい。全障研は、各地に支部やサークルがあります。全障研の会員になって、全国の課題と地域での研究運動をつなぐ仲間になってください。

そのための大切な素材として、大会に持ち寄られたレポートなどとともに、月刊誌『みんなのねがい』、研究誌『障害者問題研究』があります。『みんなのねがい』は、各地の実践や運動、研究の成果などを毎月の特集やさまざまなコーナーで交流し、語り合うための雑誌、私たちの研究運動の大動脈です。『障害者問題研究』は、障害児者・家族の権利保障と発達保障をめざす実践に不可欠な理論問題を解明する理論誌です。

両誌を「障害者の権利を守り、発達を保障する」とりくみをつなぐメディアとして、それぞれの地域や職場で活用して下さい。特集記事や論文を素材に語り合うことで、自分たちの実践の意義やねうちが自覚され、職場や地域の課題が見えてきます。そのように活用されてこそ、両誌ともに研究運動に欠かせない機関誌としてさらにゆたかになっていきます。

あなたも全障研へ。ともにがんばりましょう。

全体会　文化行事　「いつもとおなじ道だけど」

作・演出：星野光秀、宮下和文
音　　楽：中島裕志（オートハープ）、
　　　　　小林貴徳（ギター）、
　　　　　神谷ありこ（キーボード）
振り付け：原野敏子、横川しのぶ、若林海香
映　　像：シモダ☆ユウキ
音響･照明：長野三光
出 演 者：伊那養護学校中学部３年花組有志
　　　　　D×Pビートウッズ〈長野市〉
　　　　　エコーンファミリー〈長野市〉
　　　　　山浦未夢〈中野市在住〉
　　　　　SUNNY BEANS（サニービーンズ）〈中信地区〉ほか

伊那養護学校中学部３年生の小林宏夢くんの詩をテーマに、歌や物語をつくろうと進めてきました。すると、飯田市にお住まいの中島裕志さんが歌を着けてくださり、安曇野市の原野敏子さんが振り付けをしてくださり、日常的に音楽やダンスを楽しむ事業所やサークルのみなさんが、ステージで表現したいと名乗りを上げてくださいました。

ストーリーテラーは、ひろむくんの担任の先生の星野先生。教員を務める傍らで、パントマイマー「ほっしー☆」として、県内外問わず、あちこちの学校や作業所、イベントなどで、バリアフリーのパントマイムを披露しているおもしろ先生です。

長野盲学校卒業生の歌姫・山浦未夢さんがこの物語の幕開けにすてきな歌声を披露してくださり、最後のみんなの合唱のメインボーカルをつとめてくれます。

（大会要項より）

重点報告

「義務制40年」長野県の取り組み
憲法12条の具現化をめざして

長野県障害者運動推進協議会副代表・長野大会準備委員長
原　金二

1）前史

1945年戦争が終結、敗戦後の国の復興が始まります。憲法に続き1947年に教育基本法が、さらに学校教育法など教育関係法が次々と策定され、日本の教育制度が確立していきました。

高等学校まで義務教育とするとの進歩的な考えが当時からあったとのことですが、復興中で学校施設もなく、９年間の小・中学校を急いで整備、1950年代から高等学校の建設が急ピッチで拡大していきます。障害児の教育では、盲・ろう教育は、通常の小・中学校とあわせて義務教育となりましたが、経済界を中心とした「生産の役に立たない者に投資（教育）は必要ない」との無理解から知的・肢体障害児等の義務教育化は遅れていました。

養護学校でも、小学部から選考を設け、おむつをしているから、歩けないから、基本的生活習慣が身についていないから、ということを理由に、入学を許されませんでした。

2）民主的な社会づくりと障害児教育の義務制　1960～1970年代

1960年代、東京や京都など大都市圏を中心に全国に民主的な自治体（知事）が誕生します。住民主権、教育や福祉の充実を政策の柱にしました。

1967年に結成された全障研の「障害の重い子も発達する」「発達の筋道は同じ」など発達保障の考え方や憲法（26条）、教育基本法に学びながら、保護者、教職員等による教育権保障運動が燎原の火のごとく広がっていきました。こうした背景の下、東京都で1974年、「希望者全員就学」が実現し、京都でも就学保障が前進、国も1979（昭和54）年「義務化」を実施しました。

長野県では、東京、京都の就学保障が進んだ頃から、養護学校での自閉症など少し障害の重い子どもたちの受け入れが始まりましたが、現場では十分な議論が進みませんでした。

1977年度、全障研長野支部（1971年結成）が方針を定め「義務制完全実施をめざす集い」を開催し、その後、障害者の生活と権利を守る長野県連絡協議会（1972年結成・障県協）、手をつなぐ親の会（育成会）、障害児学校教職員組合ほかと連携し、義務化以後を含め数回の同「集い」を開催しました。「集い」の主なねらいは、すべての障害児に教育を保障するために、①県下各地に養護学校を建設すること、②就学免除、猶予をなくすこと、③長野養護学校に高等部を建設することと義務制にあわせて建設された上田養護学校高等部への希望者全員入学、④訪問教育を正規の教員で行うことなどを決めました。

当時の、長野養護学校を中心とした教育現場の動きを紹介します。『20年のあゆみ』という冊子に、当時のベテランの先生の文章が残っていました。「昭和53年の在籍児生をみると、その状態像は基本的生活習慣の未発達、自主行動性の劣弱、言葉の発達が遅れている者約50％などで、対話指示行動でさえ困難な状態で、また、多動や不安と恐怖などでパニック状態となり奇声をあげたり…その扱いは極めて困難」という記述が残っているのです。私は当時教職員組合の青年部で、養護学校で障害の重い子どもを切り捨てるのは何としても我慢ができなくて、いろいろな会議や選考の時も、「養護学校というのは本来障害の重い子から順番に入れる学校ではないですか。軽い子どもは小中学校に戻す取り組みをしたらどうですか」という発言をし続けました。障害の重さや捉え方は、教職員の意識や指導力との相関関係で決まるのだから、そういう恥ずかしいことは言わないほうがいい、ということを述べて、あとでベテランの先生からだいぶお叱りを受けたことを覚えています。

このような文章が当時の代表的な意識であったでしょう。それでも現場の先生たちの意識的な努力が始まります。正式な学籍はないけれども、「いいよ、ぼくの教室に遊びに来たら」と、週に１～２回受け入れる先生が出てきます。

1977年には、もしそれで事故があったらどうするのかと職員会議で議論がありました。逆に、どうせなら義務制開始も近いのだから入学を許可したらどうかと切り返しました。結果的に、そうした子どもたちを受け入れていって、1978年には先行して長野養護学校で応募者の全入を実現しました。

親御さんたちの負担はたいへんでした。スクールバスもありませんでしたから、親同士連携して、ハイヤーに乗り合って通学するハイヤー通学も行われていました。当時で月２万円以上のタクシー代を負担する親御さんもいらっしゃいました。

上田養護学校高等部の希望者全入運動も行いました。長野養護学校には高等部がありませんでしたので、進路先のない子どもたちについて、お母さんたちと相談をして２年ぐらい留年運動をして、校長に認めてもらい、上田養護学校ができたときに全員就学を実現させるという運動をしたのです。

３）養護学校並びに高等部建設進む　1980年代

1981年国際障害者年の前年に障県協を母体に「国際障害者年長野県推進協議会」（現在；長野県障害者運動推進協議会に改称：以下「県推協」）が結成されます。同会は、「高等部の希望者全員

就学」（準義務教育化）を障害者の10年の目標としました。

1983年に長野県で初めて、全障研大会を開催します。大会を担ったり参加したりした保護者、教職員、関係者は全国の進んだ実践や運動に学び、以降の運動を主導していくことになります。

1985年２月県議会に県推協は、約６万７千の署名を添え請願書を提出。内容は「高等部の定員増」「どんなに障害が重い児童生徒でも、可能な限り毎日の教育が受けられるよう教育条件整備」「養護学校高等部に重度・重複学級の設置」「高等部への希望者全員入学」ほかでした。1986年、

「病弱養護学校に高等部設置を求める」請願書を提出、継続審議になりましたが寿台養護学校の保護者・教職員の運動が大きく盛り上がりました。1987年、「後期中等教育の充実を求める請願書」（10項目）を提出。「病弱養護学校高等部設置」「養護学校高等部重複学級設置」が採択されました。このような運動により、長野養護学校（知的障害）並びに寿台養護学校（病弱）の高等部設置が実現しました。また、義務制の年の上田養護学校（知的障害）に続き、飯田、小諸、安曇、飯山など各地に高等部を伴う知的障害養護学校が建設されていきます。さらに、長野養護学校高等部には重複学級が設置されました。長野県の特徴として、高等部と同時に寄宿舎も設置していきます。

義務制の前から、未就学の在宅障害児の家庭を訪問して理解を求めていくとりくみ。訪問教育のを受けている子どもたちの中に、歩ける子どもたちもいました。私は、訪問教育の担当を希望し、（通学支援の上で）通学可能な子どもたちを学校に集めて、公開授業をする取り組みをしました。教職員、教育委員会、保護者に理解をひろげ、可能な限り重度重複障害の子どもたちにも毎日の通学を保障しようという運動を続けてきました。

4）「長野県障害児学校高等部希望者全入を進める会」の立ち上げ　1990年代

「国連･障害者の十年」の終盤、教育権保障の実態は私たちの願いから大きく立ち遅れていました。教育現場における障害児･家族への人権侵害と思われるような事態も発生していました。

1991年、県推協の呼びかけにより、障害児学校７校のPTA関係者、教職員組合等が集い「長野県障害児学校高等部希望者全入を進める会」（以下：全入の会）が結成されます。全入の会は、180人を集めた学習会、街頭署名･宣伝など県下各地で活発な運動を展開、９月県議会に約７万人の署名を添えて「障害児学校高等部への希望者全員就学を求める請願書」を提出しました。この議会では継続審査となったものの、自民、社会、共産、公明、県政の全会派から12名の県議会議員が紹介議員となる画期的な運動となりました。全入の会の活発な運動にマスコミ各社も注目、地元有力紙の社説に取り上げられます。この年の高等部選考では、養護学校中学部からの進学率が大幅にアップ、県立知的障害養護学校９校の受験生が全員合格となりました。

1996年、全入の会や県推協が「高等部訪問教育」請願書を再提出、県知事が議会で翌年からの実施を表明しました。県障害児学校教職員組合は全国組織とともに文部科学省との交渉で、「県が実施すれば既卒者（すでに卒業している者）も高等部入学を認める、予算措置もする」との確認を得て県との交渉をもちました。

1997年には、「病弱養護学校の重度･重複障害児の高等部教育」「松本養護学校信濃学園分室の重度･重複障害児の高等部教育」「希望する既卒者や病院･施設に入所している障害児の高等部教育」の県議会請願が採択されました。翌1998年から寿台養護学校あゆみ部高等部訪問教育などが始まるとともに「20歳まで」との年齢制限つきですが、既卒者で挑戦し続けたＭＲさんの合格が実現します。

2003年、文部科学省の特別支援教育への転換方針、県教委の地域化プラン検討会などさまざまな情勢の中、「義務制完全実施の残された課題が解決しないままの地域化はありえない」との主張が通り、2004年度、若槻養護学校（病弱）に念願の高等部設置、これまで併設する病院や施設入所児を対象にして、地域からの通学が認められていなかった一部の肢体障害あるいは病弱の養護学校の通学制が実現しました。さらに、これまで養護学校高等部にのみ残されていた、入学資格に関わる年齢制限（20歳）を取り払うための調査が開始され、05年度の実現へとつながります。これまで未就学であったすべての障害者に、高等部訪問教育が保障されることとなりました。

全入の会の運動は、お母さん方が中心だったのですが、お父さんが参加してきたことにより大きく発展しました。特に松本養護学校では、たいへん強力な組織となって学級代表が選ばれ、その中心はお父さんでした。署名活動も集める層がひろがって７万筆以上を達成し、全会派の紹介議員を実現したのも、お父さんたちが働きかけてくれた

ことが大きかったのです。

義務教育年齢を過ぎてしまった過年齢未就学障害者の教育権保障も県教委が実施を約束し、2004年調査では131名が希望し、2005年からスタートし、以降さらに拡大していきます。私が教育しながら実感したのは、40代、50代になっても人間は成長していくということです。重度重複の主治医の先生も「ほんとうにこの教育はだいじだ」と言ってくれたことはよかったことです。そして、障害者にとっても生涯教育の大切さが再認識されました。

全入の会は、当初の課題を達成し、発展的に解消して、「医療的ケア」の課題へと移っていきました。

5）特別支教育、行政改革などの影

「個別のニーズに応じた支援（特殊教育から特別支援教育へ）」とする一方、「教育条件は整っている」との文科省、県教委の認識と行政改革、構造改革の方針により、児童・生徒の増や教育制度改正に対応できない実態が深刻化していきます。教職員数は国の法を大きく下回り、県の調べでも400人以上不足（2008年５月時）、教室数が不足し特別教室をなくし校庭をつぶしてプレハブ校舎建設（1997年～）、特別支援学校の強引な統合・再編、学校給食調理業務（2007年～）やスクールバスの民間委託の強行などが実施されたり、進められたりしています。

教育内容についても今大会の基調報告が指摘するとおりの課題が残されています。障害児・者を発達と権利の主体として捉え、豊かな実践と教育条件整備を進めるために、大会の中での実践交流と論議に期待します。

憲法の中で私が一番好きなのは憲法12条です。「憲法が国民に保障する自由及び権利は、国民の不断の努力によって、これを保持しなければならない」とあります。憲法26条の教育の権利の保障も、親や関係者が手をつないで運動してきたからこそ今日まで発展してきたと思います。そのことをだいじに、これからも不断の努力をしながらみなさんと歩んでいきたいと思います。

記念講演

無言館のこと

無言館館主　**窪島誠一郎**さん

みなさんこんにちは。

話の前に文化行事があるのでそれをぜひ観てください――と主催者の方から言われまして、めんどうくさいなあと思ったんですけれども、観てよかったです。

なんなんでしょうね。みごとなまでの不ぞろいな統一感。みんなが同じ夢を描き同じものを求め同じ方向に向かって歩んでいるからこそみごとだった。とりわけ未夢（みゆ）さん（文化行事出演者：山浦未夢さん）の歌が。自分は77歳になるまでこんなに一所懸命生きたことがあるだろうかと、そんなことを自分に問いかけておりました。ますます身の縮む思いでここに立っています。

言葉のない館

私はここ長野市の隣、上田市の郊外で、無言館――言葉のない館と書く――ちょっと不思議な名前の美術館をやっております。これは公立の立派な美術館ではありません。

戦争で亡くなった絵描きの卵たち――生きて帰ったら絵描きになりたい、もっともっと勉強して立派な絵描きになりたい、そういう夢を持ちながら戦地から帰ってこられなかった人たち、「戦没画学生」という名をつけておりますけれども、そうした絵描きの卵たちの絵を私は集めてきました。

今から、26年前、北から南へご遺族を訪ねて3年8ヵ月、北は北海道江別市、南は九州の鹿児島の種子島まで行って集めました。

美術館をつくるときは3,899名の全国の方々から寄せられた浄財、5千万円近いお金が集まりました。残りのほぼ同額を地元の八十二銀行に出していただきまして、1997年5月2日、上田市の郊外に塩田平というたいへん美しい、心ことほぐとてもすてきな高台に無言館ができたんです。

気づいてみたら22年が経ちました。じつに早いですね。

二つの美術館

無言館という美術館は、空から降ってわいたように上田の郊外にできたわけではありません。無言館開館から20年遡る昭和54年（1979年）の6月に、私は信濃デッサン館という、現在の無言館を二まわり三まわり小さくしたような私設美術館をつくりました。こちらの美術館は、肺結核による病死あるいは事故死、なかには自殺した絵描きもおりましたが、夭折画家の絵ばかり集めた。これもまたちょっと不思議な美術館をつくっておりました。その信濃デッサン館が開館20年目にさしかかったときに、分館として建設したのが無言館です。

無言館はたいへん栄えました。重要なことは「栄えました」と過去形で言っていることですね。1997年に開館したときになんと年間13万人が来館しました。当時は上田の人口が8万ほどでした。あぜ道に品川ナンバーの渋滞がおこったのです。

ふしぎですね。信濃デッサン館のほうには歴史のなかに残る天才絵描きもいるのです。22歳で亡くなった村山槐多。上田で絵を描いていた人です。あるいは関根正二。戦時中に絵を描いていた耳の不自由だった松本竣介。そういう歴史に残った人たちの絵を集めたのが信濃デッサン館です。

無言館の絵描きは全員無名です。無名どころか、美術学校で絵を勉強してはいたけれどまだまだとても人に見せられるような絵ではない。

戦争中は嘘つきの大本営が日本が勝っている勝っていると嘘ばかりついていたのですね。そして最初は、兵役免除特権というものが学生に与えられていました。学校で勉強する学生さんたちは戦争に行かないですんでいたのです。とりわけお医者さんとか理工系の人たちは守られていた。ところがだいたい昭和18年（1943年）を境に、日本は旗色が悪くなってくる。兵隊が足りなくなってしまった。そして今まで勉強していた学生が戦地へ送り出される。昭和18年12月の学徒出陣ですね。文科系の学生は一歩早く戦地に送り出されたそうです。音楽を勉強したり、文学や歌の道に進んでいたり、いわゆる芸術系の人たちは早めに戦地に送り出されたのです。

そういうわけですから無言館に作品を集められている画学生の中にはろくすっぽ大学に通うこともなく戦地に送り出された方も多いのです。佐藤孝という画学生は、憧れの上野の東京美術学校（東京芸術大学美術学部の前身）の入学許可と卒業証書をほぼ同時に受け取って、ほとんど学校に通う思い出も持たず、そのまま満州で21歳の命を閉じています。そんな若者たちの絵ですから、みなさんがよく美術館で目にする絵描きにかなうわけがない。未熟です。

ところが未熟な絵ばかり集めた無言館に13万人が来たんです。僕は美術館を経営してこれで四十数年になりますけれども、美術館ほど人の来ないところはない。ですから無言館にそれだけの人が来て、朝日新聞の天声人語に載り大きなカメラを抱えた筑紫哲也さんが来たときにはびっくりしました。戦争中に絵を描いていた、まだまだ未熟だった若者たちの絵が、こうまで多くの人の関心をつかむのは何なのだろう。その美術館をつくった当事者である私が、いろいろな意味でそのとき多くのことを学んだのです。

大正、昭和の天才画家の絵を集めた信濃デッサン館は、おととし39年５ヵ月という歴史の幕を閉じました。コレクションはすべて2021年、善行寺のほとりに完成する、長野県立美術館に収蔵されることになりました。そう言うと、みんな「それはよかった」と言うのですけれど、絵をコレクションするという人間は、絵は自分のそばになければ嫌なものです。長野県立美術館に入って末永く信濃デッサン館の絵が大事にされるということはすごくうれしいのですけれども、いっぽうでやはり自分が青春の時代から追いかけ追いかけ集めてきた絵が、自分のそばからなくなった喪失感は、消えません。

くぼしま　せいいちろう／1941年東京生まれ。

印刷工、酒場経営などを経て、1964年、小劇場「キッド・アイラック・ホール」設立。
1979年、「信濃デッサン館」設立。
1997年、泉北が学生慰霊美術館「無言館」設立。
2005年、菊池寛賞受賞。
著書『無言館ものがたり』

私にとっては、そういう自分の歩んできた道の果てに無言館という美術館ができたのです。

高度経済成長の頃

さて、今まで22年間無言館という美術館を経営してきて、依然として私自身は何ともいえないうしろめたさと居心地の悪さがあるのです。

私は戦争とか、戦地で亡くなった多くの兵隊さんのこととかを考えてこなかった人間でした。たとえば私の親族に戦死した父やおじや、戦争で亡くなった母やおばがいるかといえば、いないんです。私は昭和16年（1941年）11月20日生まれ。悲

しいかな、あの真珠湾攻撃で太平洋戦争の火ぶたが切って落とされたその年に生まれました。戦争の始まった年に生まれたのだからおまえは戦争の落とし子のようなものじゃないかと言われれば、そうかもしれません。これは私だけが拾った幸運かもしれませんけれども、直接戦火に遭うこともなく身内に亡くなった人もいませんでした。

ちょうど物心つく頃、高度経済成長が始まっておりました。私は、中学時代から超・頭が悪い生徒でした。私はわけあって生父母から２歳の時に別れ、養父母に育てられるのですが、その養父母が東京都世田谷区の明大前というところで靴の修理屋をやっていました。そして私も中学を出たら靴職人になれということを幼い頃から親に言われておりました。頭も悪かったですから、高等学校や大学に上がるということは自分のイメージの中になかったのです。ところが、今から思うとすごい人がいるなあと思いますけれども、その頃通っていた梅丘中学校の担任の先生が、なんと窪島誠一郎は必ず高校に上げてやるべきだという運動を起こした――すごい小規模の運動ですね。毎日学校から帰りますと私のうちの小さなバラックの玄関に先生の大きな靴がある。きっとあまりに勉強が不出来なのでそのことで先生が家に来ているんだろうと思っていました。先生の大きな靴を見ると、いったん近所で時間を潰してから家に帰る。ところが先生は、成績の悪いテストのことではなく、僕を高等学校に上げてくれとやってきていたのです。

それでとうとう母親が父親を口説いてくれました。頑固な父親だったのですけれども、靴の修理の職人にさせると言って断固きかなかった親父が、担任の先生と母親、養母の説得に応じまして、私は高等学校に通うのです。

歌舞伎町というネオン瞬く繁華街の、ちょっと薄暗がりの海城高校という学校。そこへ私は入ったのです。中学の担任の先生がいなければ、私は高等学校を出ていなかったと思います。

高等学校在学中から、渋谷の道玄坂にあった女性服専門の生地屋さんの店員をやっていました。そしてそのまま卒業後も正職員として迎えられました。

おりしも、昭和39年（1964年）10月10日、東京オリンピックが近づいていた。私は３年間、生地屋さんに勤めた後、明治大学和泉校舎の真ん前に家族で暮らしていた借家を素人大工で改造して、小さな飲み屋を開業しました。昭和38年11月15日、あと５日で22歳。まだ当時は21歳という、初々しい私でした。

その小さな飲み屋が当たりに当たったのです。朝７時からモーニングサービス。パンにハムを入れてレタスを入れて焼いて斜めに切って、トーストにゆで卵が付いて、あの当時、紅茶、珈琲、ミルクが60円でした。７時から10時までのわずか３時間のモーニングサービスで５千円の売り上げがあがったのです。生地屋でもらっていたひと月の給料が交通手当を入れて５千円でした。

夜は夜で、生まれて初めて作った焼きうどん、マカロニグラタン、それからなんだかよくわからないカクテルを作った。ただ、あの頃から文学的素養があったんですね、「深海に沈むあなたの孤独」――カクテルの名が凝っていたのですよ。

この店が、夜２時が閉店時間なんですけれどもだいたいいつも３時頃になる。いつ寝ていたのでしょうか、自分でそう思います。でも、お金が入る喜び、上昇志向というのはすべてを飛び越えます。それまで詩を書きたい、絵を描きたい、文学を学びたい――そう思っていたのが全部飛んでしまったのです。カウンターの裏にひげを生やした板垣退助の百円札が10枚たまると、くるくると丸めて並べるのが楽しくて。これで貧しい苦渋の生活から脱出できる、家が建てられる、冷暖房付きの車が乗れる、いい服が着られる、ことによるとうまくチャンスがあれば有名人になれるかもしれない。

僕は100冊の本を書いて、戦没画学生の絵を世に広めて、平和運動のリーダーのように言われています。しかしあのとき自分を圧倒的に支配していた価値観――簡単に言えば、お金で買えるという価値観が、全くそのままとは言えませんけれども今の77歳の僕の身体をうずめているのです。

ひとりの画家との出会い

その男が、ある日信濃デッサン館をふらっと訪ねてきたひとりの画家の言葉に打たれました。

現在98歳。文化勲章受章者（2014年）の野見山暁治さんという絵描きさんです。野見山さんは昭和13年（1938年）に東京美術学校に入学。昭和14年（1939年）結核を患って留年します。昭和17年（1942年）繰り上げ卒業。学徒出陣で満州の牡丹江に出征します。けれどもすぐ肋膜を患って日本に帰ってくる。療養して病院にいる間に終戦になる。野見山さんはそうやって生き延びるけれどたくさんの仲間たちが死んだ。互いに絵を描いて、生涯、切磋琢磨して立派な絵描きになろうと誓っていた仲間がたくさん亡くなった。

ある日のことです。野見山さんが私の信濃デッサン館に講演に来てくれました。えらい人ですから、大奮発して別所温泉の花屋旅館というところにお迎えした。そこで野見山さんがほとんど髪の毛のない頭にお湯をかぶりながら、「くぼちゃん、あの戦争ではな、僕の何倍もの才能のある仲間が死んだ。デッサンのうまいやつ、絵の具の溶き方のうまいやつ、花をかかせたら日本一のやつ。みんな死んじゃった。ほっとけば彼らの絵はこの世から消えちゃうんだよな」。

僕は52歳でした。なんなのでしょうか。人間って理屈で動くものではないのですね。使いたくない言葉ですが、運命と言っていいでしょうか。野見山さんのお宅を訪ねて、「先生の死んだお仲間の家に行きます。彼らの絵を集めます。僕にやらせてください。今からだったら間に合うかもしれない」。そう言って、彼らの絵を集めたのです。

黙って聞いてるとかっこいいでしょう。やっぱり52歳と77歳とでは全然違いますね。去年がんを患って、今年はがんの検査の途中で肺炎に倒れまして、７月14日に退院してきたばかりです。それほど久しぶりにこういうところに立っているのです。

野見山さんの話を聞いたときの52歳の窪島。でも、僕は野見山さんの話を聞いたそのときも、戦

戦没画学生慰霊美術館　無言館
日中戦争、太平洋戦争で、卒業後、もしくは学業半ばで戦地に駆り出され、戦死した画学生の遺作や遺品、約300点を展示している私設美術館。

長野県上田市古安曽字天王山3462
TEL0268-37-1650
FAX0268-37-1651
開館時間9時～17時
休館日　火曜日

死した気の毒な画学生だからその絵を集めようという気持ちではなかったのです。絵描きに限らず、音楽であれ文学であれ表現者はみなそうですけれど、絵描きは自分の描いた絵がこの世から消えない限りまだ死んでいない。残した作品があれば彼らはまだ死んでいない。芸術家という星の下に生まれた人たちはふたつの命をもっています。おとうさんおかあさんからもらった命、もうひとつは自分の生み出した作品という命。一方の作品という命さえあれば、まだ画学生はこの世にいる――それが僕の理念なのです。

展示作品たち

たくさんの画学生から、何人か紹介しておきます。無言館にいらっしゃったことのある人はまぶたを閉じていただくと暗がりの中にそんな絵があったなと思いだしていただけると思います。

＊

無言館の木の扉を開けます。右側の壁のいちばん手前です。昭和19年（1944年）6月、フィリピンのルソン島で26歳で亡くなった日高安典。鹿児島県種子島の生まれ。幼い頃から種子島では絵を描かせたら日本一と言われる中学生でした。彼ははるばる東京美術学校の油絵科に入学。しかし、追うように召集令状が来ます。出征が決まった前の晩。日高安典が最後に描いた絵はモデルを務めてくれた恋人の絵でした。

いい絵ですよ。木のドアを開けますと一番右の手前です。黄色に茶色の微妙に混じったキャンバスに、茶碗を伏せたような乳房を両のかいなでちょっと上にあげるようにして、じっと真向かいを見ている。後ろに束ねた髪の毛がまるでその闇の中に吸い込まれるようで、こちらにそんな髪のにおい、髪の揺れる感じの伝わってくる、いきいきとした女性の裸体像です。

キャンバスの裏側に日高安典が残した最後の言葉、二行が残されています。「小生は必ず生きて帰ります。あなたを描くために」。でも、日高安典は帰ってこられなかった。サインが入っていない未完成の絵ですけれども、その絵を残して日高安典は26歳の命を閉じました。

＊

日高安典の真向いの壁です。これも裸婦です。日高安典の絵よりも一回り大きい。

静岡県浜松市。老舗の和菓子問屋の長男、中村萬平。中村萬平は愛する霜子（しもこ）という恋人を置いて、戦地に発ちました。満州の武川というところで、昭和20年（1945年）、終戦がすぐやってくるというとき、27歳で戦死します。この霜子さん――とてもすてきな名前ですね――じつは霜子さんだけの絵じゃないということが何年か前にわかりました。霜子さんのおなかに、すでにその頃身ごもっていた赤ちゃんがいた。その赤ちゃんが、僕と同じ昭和16年生まれで、腹の出たはげちゃびんで、うちにときどきやってくるのです。そして自慢げに、「館主さん、館主さん、これは母親の絵じゃないです。母子像です。おなかに僕がいるんです」っていばるのです。この人は河合楽器という会社の重役まで上り詰めたエリートです。その方がうれしそうに言うのです。

兵役に就いて戦地に着いてから、中村萬平は1冊の日記帳を残しています。ある夜の日記帳です。――夜、小便に立とうと思って兵舎を出た。はばかりの中で立った時に、格子の向こうの空に真っ白な月が浮かんでいた。今から思えば、それが霜子が自分のいる戦場にやってきた証だったのではないか――。赤ちゃんを出産した後、霜子さんは産後の肥立ちが悪く、半月後に他界しました。霜子が月になって戦地の自分のもとを訪れたという、中村萬平さんの手記でした。

＊

おばあさんの絵があります。無言館のドアを開けると一番遠い正面です。と言っても10メートルありません。一本一本のまつげ、しわを克明に描いている。

蜂谷清。わずか22歳でレイテ島で亡くなりました。召集令状を受け取った蜂谷清は、おばあさんの綱さんにこう言います。「ばあやん、ばあやん、戦争に行くことになった。ばあやんの顔を描きたいからモデルになってくれんか」。「あいよ、わかったよ、モデルになろう」。大きな布団を持ってきてちょこんとそこにばあやんの綱さんが座ります。赤い半纏を着ます。幼い頃、綱さん

の背中で子守歌を聴いた思い出の半纏を着て、戦地に立つまでの11日間ずっと、毎晩毎晩モデルを務めたそうです。白髪の一本一本を描くのです。眼の光を描くのです。首のしわを描くのです。綱さんは絵筆を動かす清に、こう言います。「天皇陛下はんにしかられてもいいから、かならず生きて帰っておいで。生きて帰ってまたばあやんを描いておくれ」。清は無言のままその絵を描き続け、戦地に発ちました。その1週間後、敵の射撃を眉間に受けて、わずか20歳でこの世を去る。

いいですよ、このおばあさんの絵。ぜひ蜂谷清のばあやんの顔を見てほしい。

自問坂を歩きながら

私の美術館に来た方が異口同音におっしゃることがあります。戦争中に描いた絵なのに、色が明るいですね。暗く悲しくさみしく沈んだ、そんな感じの絵はちっともないですね、と。そのとおりなのです。

みんな、召集令状を受け取って１週間後、おそくとも半月後には、戦地に発たなければならなかった。召集令状、通称赤紙で招集されると、生きて帰れないことは90％わかっていた。

彼らが描いた絵、どういう絵がいちばん多いと思いますか。恋人や妻——学生結婚していた奥さん——これが一番多いですね。つぎがおとうさんおかあさん、かわいがっていた妹、世話になったお姉さん、それから兄弟。そしてつぎにふるさとの風景。これが第5位です。

彼らは戦争に対する恨み、自分がこんな時代にさえ生まれなければというような恨み——もちろんそういう気持ちはあったでしょう——しかし、そんなことより何より、おれは絵を描くことが大好きなんだ。だから、ぎりぎりまで絵筆を動かす。絵を描く喜びに燃えていた。だから、彼らの残した絵は、暗かったり悲しかったりさみしかったりという絵はないのです。

でも彼らの絵を見ると、どうしても熱いものがこみあげてくるのはなぜか。それは74年経って生きる私たちが、彼らの作品を戦争抜きに見るわけにはいかない。それは私たちの心の中にある。

僕はときどき思うのです。無言館というのは彼らにとって、残酷な美術館なのではないだろうか。戦争犠牲者という枠の中に彼らの絵を並べ、「かわいそうに、戦争さえなければ彼らは生きて

いたのに」という大合唱でテレビがやってくる、新聞がやってくる。でも彼らは表現者です。やせても枯れても画家の卵です。彼らは戦争犠牲者の館になんか本当は飾ってほしくはないはずです。もっとたくさんの美術ファンに、自分の苦労した夕焼けの色、花の色、人間の肌の色——工夫と技術を凝らした自分の作品を、見てほしい。けして無言館などいう、慰霊施設なんだか平和施設なんだかわからない宙ぶらりんの、そんなところに飾ってもらおうと彼らが絵を描いたわけではないのです。22年、無言館という美術館をやっていますが、ほんとうに雲の上の彼らが喜んでいるんだろうか。彼らが必死になって絵を描きたい、もっといい絵を描きたいと込めた情熱に、戦争から74年たった私たちは応えているのだろうか。彼らの絵はけして戦争だけを告発しているのではないのです。彼らの絵を見ていると、74年たった今の、この殺伐たる世の中を築くために彼らは死んでいったのだろうかと、思わずそんな問いさえ浮かんでくることがあります。

要するに、無言館という美術館は、いろいろな意味で私たちにクエスチョンワークを与える美術館です。戦争を起こした人間の愚かさ。しかし同時に、いかな愚かな時代であっても、その中で必死に最後まで子守唄を歌ってくれたおばあさんの顔を描いた若者。自分が恋し、その人に愛されてきた恋人を最後まで描き続けてきた人間の尊厳。無言館という美術館は、人間の愚かさと、人間のすばらしさがせめぎあっている美術館です。そこには一口で言える結論はないのではないだろうか。

最近、無言館から下がってくる坂道に、自問坂という名前を付けました。私たちは無言館にたたずんで、何より、戦争と平和を考えます。平和の尊さ、2度とあってはならない戦争というものの不条理。しかし同時に、今の自分はどう生きているか、自分は何者なのか。自分はどう生きようとしているのか。自分に対する問いかけなしにはあの坂は下りられない。そんなふうに思っています。

命あることの大切さ

先ほど、私は昭和16年の11月20日の生まれだと言いました。わけがありまして産みの両親とは2歳のときに別れます。現在の窪島という名を与えてくれた、窪島茂、窪島はつという、本当に貧しかったけれど、私を愛してくれた親に育てられました。もらわれてきた昭和18年（1943年）のこと、戦争がだんだん厳しくなって、父親の職人仲間の鶴岡さんに宮城県の石巻にせいちゃんを連れて疎開をしたらどうか、と言われました。

昭和19年（1944年）の春から敗戦の昭和20年（1945年）８月まで宮城県石巻に疎開しました。疎開している間に、昭和20年５月25日の東京の大規模空襲で、私が後に小さなスナックを開いて成功を収める、その世田谷区明大前界隈は草の芽１本生えない焦土と化しました。石巻が私たち親子にとって足を向けて寝られない疎開先であったわけです。

ご存じのように８年ちょっと前に東日本大震災が襲いました。地元の河北新報の石巻支社は津波で倒壊の憂き目に遭いました。震災の１年後、2012年の3月11日から４月11日まで、その半倒壊の会社の家屋を借りまして、１ヵ月の無言館展を開きました。まだ、意識の記憶もない頃でしたけれども、戦争中わが親子の命を救ってくれた石巻。そこで無言館の展覧会をやろう。

最初は津波で何もかも失った人たちの中で、戦争で死んでいった人たちの絵を見てもらってそれが何になるのか、何の効果をもつのか、正直私もその確信はありませんでした。しかし、この展覧会をやってよかったと思いました。仮設住宅がポツンポツンと、がれきの山のかたわらに建っていた頃でした。そんななかで仮設住宅から軽トラでピストン輸送されて、なんと１ヵ月の間に1800人の方がその小さな無言館展を見に来てくださったんです。

無料の展覧会でしたから、私と娘が受付に座りました。Tさんという水産加工業の社長さんがあって見に来てくださいました。娘さんも流され、あの時点でご両親も行方不明、家も流され、水産加工の工場も流され、雇っていた25人のうち８人を失うという、何もかも失ったその社長さんが絵を見終わった後、私の前で深々と頭を下げました。「きょうはありがとうございました。津波があったから私はこの人たちの絵を見られたんですね。津波がなければ絵を見るような男じゃありませんでした。でもきょうこの人たちの絵を見てよかったと思います。生きていこうと思いました。生きていこうという気になったんです」。社長さんはそう言ったのです。

何なんでしょう。この化学反応。不思議ですよね。考えてみればそうなんです。無言館に並ぶ画学生たちも、国の命令によって、戦争という津波に向かって歩かされた人たちでした。国の命令で高台に逃げることを許されなかった人たちでした。あの災害で、肉親を、家屋を、何もかも失ってしまったそのTさんの耳に、画学生たちの声が聞こえたのだと思うのです。――生きていきましょうよ。生きていってください。だってあなたには今生きている命があるじゃないですか――彼らのその未熟な絵が、若者たちの絵が、被災して何もかも失ったその社長さんにそう言ったのだと思います。

僕はその社長さんが頭を下げられたとき、遠い灯台に火が付いたような思いでした。――あ、そうか、無言館にはそういう仕事があるんだ。

戦争を伝えること、平和の大切さを伝えること、なにより命あることの大切さを伝えること。それは結局は人間に、生きることっていうのはすごいことなんだぞ、と伝える、無言館にはそういうひとつの役割がある。被災地が10年目にさしかかったときには、もう１回無言館展が石巻で開けたらと思っています。

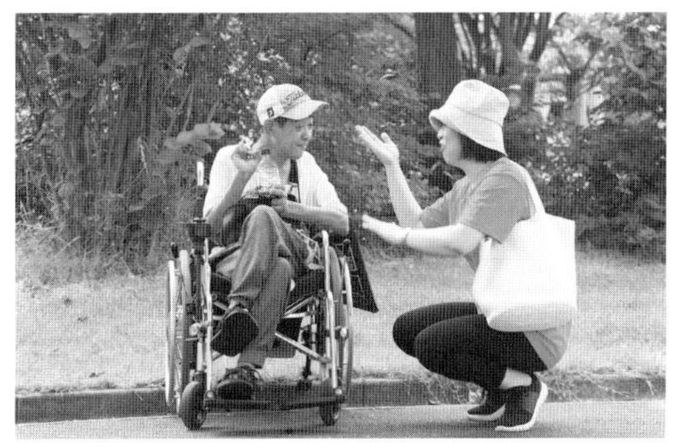

覚悟したとおりてんでんばらばらな話になりました。未夢さんの歌声がまだ耳の底に残っているようです。障害という不自由に日々苦労し、未解決のものを抱えてたたかっている人たちの前で、病み上がりですけれど、77歳、しっかりしなければと自分に言いきかせています。

おばあさんの絵、見に来てください。今日はありがとうございました。

大会アピール

国民のみなさんへ

障害者の権利を守り、発達を保障するために、理論と実践を統一的にとらえた自主的民主的研究運動の歩みを積み重ねてきた全国大会は、今年で53回目を数えます。ここ、長野で３度目の開催でした。

いま複雑な世界の動きのなかで、困難を話し合いで解決するのではなく、憲法を変え、日本を「戦争をできる国」にする動きが加速しています。旧優生保護法による強制不妊手術の問題や障害者雇用の「水増し」問題など権利侵害が後を絶ちません。障害のある人の尊厳と生きる権利がますます脅かされています。

今回の長野大会のテーマは、「守ろう平和・いのち・人権　学び合おう発達保障」です。このテーマのもと、開催地ならではの学び合いを行うことができました。

オープニング「親子でともに太鼓でつながる絆」、文化行事「いつもと同じ道だけど」、ギャラリー「いきること、つくること展」では、音楽やアート作品、構成劇を通じて、障害のある人たちの「生きる喜びを伝えたい」という思いを発信しました。

無言館館主の窪島誠一郎さんの記念講演から、人間の可能性が花開くためには、平和のうちに生存する権利が保障されなければならないことを学びました。

分科会には101本のレポートが報告されました。保育・療育の場で子どもが「みんなと一緒にやってみたい」と思える集団づくりをしよう、重症心身障害のある人たちの「一人ひとりの思い」が尊重される場をつくろうと、障害児者のねがいを真ん中にすえたとりくみなど報告されました。

今年2019年は、「誰もが等しく教育を受けることができる」「すべての人たちの発達が保障される」ために、たくさんの人たちの「ねがい」を束ねながら、養護学校義務制実施を実現してから40年目にあたります。

この節目の年に開催した全国大会の成果をもとに、障害のある子ども、仲間の「ねがい」に気づき、学びながらつむいできた一つひとつの実践をもとに、誰もが権利を侵されることなく、平和に暮らし、自分らしく命を輝かせる。そんな未来の実現のため、ともに学び合いましょう。

2019年８月４日
全国障害者問題研究会　第53回全国大会（長野）

分　科　会

1　障害の早期発見と地域療育システム

共同研究者　藤林清仁（愛知）
司会者　井原哲人（東京）
参加者　14名（保育所や児童発達支援の保育士、発達相談員、相談支援専門員、大学教員など）

◎はじめに

本分科会は、これまで①乳幼児健診のあり方（特に医療機関委託の問題点の検証）、②特別な支援を必要とする子どもの早期支援の実践（特に「親子教室」の役割）、③早期支援から早期療育への橋渡しの仕組みと取り組み（療育グループ・親子療育の役割）、④療育の場と保育所・幼稚園・学校の連携（①～③も踏まえた自治体の仕組み）を論点として討議をすすめてきました。これらを通じて、乳幼児期における発達支援・家族支援・地域支援の総合的な仕組みづくりと、それらをコーディネートする療育機関の役割を実践的に明らかにしてきました。

◎乳幼児をめぐる情勢と分科会の課題

今回はレポートがなかったので、まず分科会基調の柱に沿って、グループ討議を行いました。共同研究者の藤林清仁さんから、①改訂「保育所保育指針」「幼稚園教育要領」のいう「幼児期の終わりまでに育ってほしい姿（10の姿）」の評価と実践への影響、②ゼロ歳児からの子育て支援の取り組みの実態と課題、③2019年10月からの幼児教育無償化の課題、の３点を柱にして討議を進めたいと提起されました。さらに、幼児教育無償化に伴って就学前の障害児の発達支援についても無償化されます。しかし、政府の「新しい経済政策パッケージ」で示された幼児教育無償化の動機は少子化対策、人材育成、貧困対策であって、障害児については別枠の制度設定になっています。また、医療型児童発達支援で行われる「医療」については利用者負担とされるという補足がありました。

これらの新しい政策動向と、これまでの分科会での議論を踏まえながら、参加者全体で討議を進めました。

◎幼児教育の無償化と「療育」への入口

療育関係者の間で大切にしてきたのは、早期発見から早期療育への接続でした。この点を確認しながら、「無償化」が3歳児以降を対象としていることの影響について話し合いました。

基本的に、１歳６ヵ月児健診－発達相談－親子通園から療育へとつながっているという群馬の参加者は、子どもの発達について何らかの指摘を受けて親が焦っているときは、親子通園から発達相談に「戻す」ケースがあったり、なかなか利用につながらないケースもあったりするなど、親を誘ったりしながら「待つ」こと、関係をつないでおくことを大切にしていると発言しました。健診からの保健師とのつながりが機能しているという報告もありました。

保健師と親や関係者の運動で児童発達支援センターをくつりあげてきた経緯がある和歌山からは、保健師の思いがしっかりと位置づくことの大切さが指摘されました。母子保健との関係も良好なのですが、近年、健診後のフォロー事業につながりにくい状況があります。そうした場へ通うことを避ける傾向があるのでそのハードルを下げるために、すべての子どもを対象にして６～７ヵ月の頃に「遊びの会」へ誘い、相談につなげられるような努力を重ねています。その取り組みの中で、保健師の側にも「～でなければならない」といったものから柔軟な考えに変化しつつあるといった報告がありました。

NPO法人で「おもちゃ図書館」をやっているという静岡からの参加者は、利用児の中に「気になる子」がいることや、間口が広く誰でも自由に参加できる場の必要性を報告しました。

神奈川の参加者からは、障害だけではなく、貧困や虐待も懸念されるケースについては、保健センターや役所の虐待対応部署と連携をして、関係を切らさないような取り組みをしているとの報告がありました。

一方では、母子保健との関係に困難を抱えていたり、保健師のかかわりによって親が追い込まれてしまうケースが生じている地域の課題も報告されました。また、長期の育児休業中を含めて在宅で生活している子どもの場合は、親が「困り感」をもっていないこともあるので、そうした場合は、一時保育等の集団の場に参加してもらい、子どもの姿を通して、支援につなげる取り組みも紹介されました。

また、新しく創設された「子育て包括支援センター」を活用して、保健師やスクールソーシャルワーカーを配置し、福祉教育連携室とも連携しながら、乳幼児期から継続してかかわりつづけられる基盤を整備し、ライフステージが移行しても支援を継続していけるようなシステムを構築している自治体が紹介されました。

◎療育への親の参加

新「指針」等の議論で焦点になったのは、親の参加でした。

まず、示された「10の姿」の内容については、子どもの良い面や苦手な面を含めて全体として子どもをとらえていくことが大切だということと、子どもを評価しなければいけないというのは切なくなると語られました。

他方で、遊びを主体として生活を組み立てていく取り組みを土台として、しっかりと実践を築き上げていく意義についても、たくさん語り合われました。

現在、新規に児童発達支援事業に参入している事業者の中には「○○療法」等を「売り」にしているところがめだちます。だからこそ、実践の意図や子どもの育ちを、言葉にして親に伝える必要性が語られました。そのためにも、療育を「利用する」だけではなく、親の参加に焦点を移して議論を深めていきました。

兵庫の参加者からは、通園は送迎をしていて親同士が顔を合わせる機会はないけれど、親からの要望で保護者懇談会が開かれたとの報告がありました。その取り組みの中から、卒園後の親同士のつながりの必要性が見えてきたとのことでした。また、愛知の参加者からは、継続的に保護者との懇談会を開いており、テーマ設定について参加者間での共通化をはかること、親自身が自分のことを話せる環境をつくるようにしている取り組みも報告されました。そのような取り組みを重ねていく中で、普段はおとなしい母親に、「卒園間近なので、頑張ってみない？」と働きかけたところ、積極的に関わるようになり、保護者同士の関係も好転していったとの経験が語られました。

共通に語られたのは、親自身が一人の人間として認められることの大切さ、その上で子どもの「困り感」を共有していくこと、そして親同士がしっかりと関係をつくっていくことでした。このような関係を土台とした保護者集団では、自分の子どもを「○○しかできない」と悩んでいたところ、他の保護者から△君は前に比べて「～ができるようになったよね」「◇ってすごいよね」と言葉をかけられることで、自分の子どもを受け止められるようになった経験があると語られました。

◎まとめ

分科会では、参加者全員が、自分の実践や近隣自治体の取り組みなどを積極的に語り合えたと思います。その中から見えてきたのは、まず、幼児教育無償化は、療育等の支援を必要としている子どもや親にとって、支援の入口のハードルを相対的に高めてしまっていることです。その中でも、子育てや生活が不安定化している今日において、入口部分をできるだけ広く設けて、つながりをつくり、関係を切れさせない多様な取り組みが続けられていました。

また、制度は「個」に特化していますが、子どもや保護者も「個」が尊重されるとともに、集団など多様な関係性の中で、子どもも保護者も育っていくこと、その契機をつくる課題や成果も語り合われました。

（文責　井原哲人）

2　専門施設における保育・療育

共同研究者　西原睦子（滋賀）
司会者　坪倉吉隆（京都）安藤史郎（大阪）
参加者　43名（保育士、児童指導員、発達指導員、教員など）

◎レポート

「大好きな人たちと生活する中で培った“自分を信頼する力”」　山梨　辻智愛紀
「一緒にあそぶ楽しさから大きくなったりなさんとともに」　愛知　立木佳子
「Ｓくん、魅力いっぱいの毎日を一緒に楽しみませんか？」　大阪　安藤史郎
「Ｔくんとのかかわりの中で学んだこと」　鹿児島　宮島修一
「楽しい遊びを支えるために」　鹿児島　上之原あゆみ

◎はじめに

分科会を始めるにあたり、これまでの本分科会の積み上げと、療育をめぐる歴史と現状について共同研究者から報告されました。また、レポートを聞くにあたって、療育の中での“あそび”や“安心できる人との関係”に注目して、自分たちの実践を振り返りながら、討論を深めていこうと提案されました。

◎レポート報告

辻レポート　児童発達支援センターでの３年間の取り組みです。人見知り、場所見知りが激しく、お母さんから離れられずにいたＪ君でした。そんな中、お母さんから、園で見ていた踊りを家でやっていることを聞き、Ｊ君の“怖い”“不安”の裏には“やってみたい”という思いもあることに気づかされます。そして、少しずつ不安が緩和され、大好きな保育士との関係を土台に自我を膨らませ、友だちに思いを伝えたり、やりとりする姿へと広がっていった実践でした。

「～ができるように」と考えると、子どもとの関わりの余裕がなくなってしまうということが報告の中にありました。そうした視点に、子どもの行動の裏に“ねがい”を信じて関わることの大切さを学ぶことができました。

安藤レポート　“○○がしたい”という思いは膨らんでいるが、うまく言葉で伝えることができない４歳児クラスのＳくん。お父さんから「うん」「はい」を「ばぼ」という言葉で表現すると聞き、職員はＳくんのいろいろな発語を「共通語」にするために、特に保護者とのやりとりを大切にして、言葉を添えながら要求を受けとめるようにしました。するとＳくんから大人に近寄ってきて抱っこを求める姿も見られるようになりました。そんなとき、「コミュニケーションの扉が開いたような気がした」そうです。Ｓくんの安心できる遊び方やタイミングを職員間で共有し、尊重しながら、大人との関係を丁寧につくり、次第にＳ君の楽しい遊びが広がっていく実践でした。子どもに大切にしたいことを保護者に押しつけるのではなく、子どもの姿から一緒に見つけていくことが大切だということをお母さんから学んだとまとめられました。

宮島レポート　集団の中で自分の思いが表現できないＴくんは入園して１ヵ月、「帰りたい」と訴えるようになります。職員間で悩みながらも、「帰ってもいいよ」とその思い受け止めつつＴくんの葛藤を支えます。そして、「～させよう」と迫りすぎていたのではないかと振り返り、ありのままを受け止めることを大事にしました。時間をかけて、目に見えない内面の変化をとらえようと考えることを大切にした実践でした。

上之原レポート　障害や発達段階の違う10名のグループの実践。絵本のカエルのストーリーを、どうやったらみんなで楽しめるのかを考え、わかりやすい絵本やパペットで伝えながら楽しんでいま

した。展開として、サーキット遊びにしてみましたが、大人の意図が先行した遊びでは子どもがバラバラになり、うまくいきませんでした。職員は「子どもたちの“楽しい”ってどこなんだろう」と話し合い、どうすればそれぞれが楽しめるのか教材を研究しました。遊びがひろがっていくと、途中から子どもの言葉や行動から新たな展開があります。それに気づくのが保育士の専門性なのだと改めて考えさせられる報告でした。

立木レポート　親子通園から単独保育を経て幼稚園に転園するまでの1年間の取り組みです。不安が強く、自分の気持ちを“たたく”“噛み付く”といった形でお母さんに表現していたりなさん。お母さんも関わり方に悩み、疲れていました。お母さんの支えになりたいと、療育でのりなさんの姿を伝え、やりとりしながら一緒にりなさんの気持ちや願いを考えていきます。お母さんとの関係も深まり、りなさんも安心できる存在が担任にひろがります。さらに友だちへと安心できる対象がひろがり、お母さんも自信がもてるようになったという報告でした。

◎討　論

共同研究者の西原さんは実践報告を受け、つぎのように整理しました。発達は、子どもたちが自分から外の世界と関わり、その関わりを通して、世界をひろげ、自分をつくりかえていくプロセスです。報告には、大人の意図が強い関わりや遊びにはのらず、うまくいかなかった子どもたちが登場します。療育の場で子どもの姿を確認しながら、その子が自分から発信したことに寄り添った関わりや遊びによって、子どもたちの姿に変化があった実践が報告されたことを確認しようという内容でした。そのうえで、つぎの2点を討論の柱としました。

①“遊び”を通して、子どもたちに何を残したいのか、それが子どもの発達要求とどう結びついているのか。

②実践をつくるためには、職員集団が大切になるので、それぞれの事業所で大事にしていることや悩みを出し合おう。

グループ討論では、実践における“遊び”は、

子どもの「これがしたい」「楽しい」と思えることが大切だという意見が多く出されました。その子の好きなことを出発点にして、姿や行動をよく見て背景にあるその子の要求、願いについて職員同士で考えたり、共有したり、振り返る時間が必要だということが話されました。

一方で、職員不足や、実践以外の業務量の増加で、振り返りや実践を深める話し合いの時間がつくれないなど、大切にしたい実践が守りにくくなっている現場の実態も出され、これからの課題も確認しました。

◎おわりに

療育では、子どもの姿から「これは“選んでいる”ということだろうか」や「自分でやりたいと思っているのではないか」など仮説を立てて、「次は、こんな遊びをやってみよう！」と実践し、うまくいかないと考え直すといった、子どもから学んで実践をつくっていくことが大切だということが共同研究者からのまとめとして話されました。そのためには大人（職員同士）の余裕、話し合う時間が必要です。

訓練や「○○ができるようになる」ということに特化した療育が増えてきた中で、“子ども”という視点で、乳幼児期の育ちに大切なことは何かを改めて考えていく必要があります。保育園・幼稚園に通う子どもが増加傾向にある中で、並行役割が重要になっています。“遊び”の大切さを保護者にどうわかってもらえるかや、地域や関係機関との連携をどうしていくのかといったことが次回までの「宿題」としてあげられました。

（文責　坪倉吉隆）

分科会報告

3　保育所・幼稚園における保育・療育

共同研究者　荒井　聡（東京）黒川久美（鹿児島）
司会者
参加者　39名（保育士、幼稚園教諭、発達相談員など）

◎レポート

「みんなと一緒にやりたいな」

長野　西澤瑛利子・宮澤有香

「『ヤッテミタイ！』」

滋賀　村田愛子・安東めぐみ・伊藤里菜

◎レポート報告

西澤・宮澤レポート

A君は1歳児のころから視線が合わないなど気になる点があり、幼児クラスになってからは自分の好きなことができなかったり、自分の思うパターンでない時に騒いだり、気持ちを抑えることができなくなって勝手な行動が目立っていました。3歳児クラスでの発達段階は1歳程度であり、療育機関での言語療法をはじめました。4歳児クラスの4月に広汎性発達障害と診断され、5歳児クラスからは作業療法を受けました。

3歳児クラスの発表会での劇ごっこでのこと、やりたいけどできないという葛藤で混乱してしまったことをみんなに伝えると、友だちは真剣な表情で聞いていました。当日A君は2階からみんなの劇をそっとのぞいていましたが、無理にやらなくていいとしたことで安心したようでした。5歳児クラスの劇ごっこはA君の好きな「ジャックと豆の木」にしようという声が子どもたちから上がり、取り組むことに。練習中、違う絵本を見ていたりしながらも、雰囲気を共有しています。劇の流れが止まったり、戻って練習することはA君の混乱を招くので、最後まで通すことにするなど大変な思いをしながらも、みんなのつながりを感じていくことができました。

A君のペースを大事にしながら、集団生活にどうかかわるか、その距離感が難しかったのですが、0歳クラスからの馴染みの集団の中でほどよい関係であったことが、心地よい空間につながったようで、A君の居場所が確保されていました。

村田・安東・伊藤レポート

療育施設やまびこ園で3年間を過ごし、5歳児から入園したののちゃん（発達段階は4歳半くらい）は、経口で栄養を摂りつつも経管栄養が主の子ども。血中酸素濃度をモニターしており、昼寝のときには酸素の補充が必要でした。

6月にクッキングでカレー作りに初めて参加。でき上がったカレーをほおばる友だちの「オイシイデ」という声で、自らスプーンでルウをすくい、保育士が「みんなで作ったね」と声をかけると、少し間があってから口に運びました。経管栄養という自分の意思とは切り離された「食事」が、クッキングで身近なものになり、友だちや先生とおいしさや楽しさを共有することで、「食事は楽しい」という雰囲気を感じることができたようでした。

10月になって、友だちがやっている棒のぼりや鉄棒に興味をもちはじめます。四つ這いで登り棒に近づいてきた時、保育者が「手伝おうか」と言っても首を振ります。指さした鉄棒の高さを調整して腕を伸ばして届くようにしておきようすを見ていると、太郎君が「ツカマレル？」と声をかけたことがきっかけで、ののちゃんは自分から鉄棒をつかんで片足ずつ地面につけ立ち上がり、得意げな表情になりました。友だちに刺激を受けながら、「ワタシモシタイ」という気持ちが生まれ、自分なりにやってみることで手ごたえを感じていました。

ののちゃんが「やってみたい」という気持ちを膨らませていった背景には、ともに喜び、驚いてくれる友だちや見守る保育者という集団があったと思われます。そんななか、ののちゃんは友だちにとって、「特別」ではなく「当たり前」の存在になっていきました。

レポート報告の後、二つのテーマに分かれてグループ討論をしました。

◎ともに育ちあう保育とはなにか

①子どもの理解、②日常の保育の中で何を大切にするか、③居場所とは何か、④個人と全体の関係をどう考えるかという視点で論議しました。

保育園で過ごしていると保育者の側にもどうしても引っ張り上げないといけないというプレッシャーが生じてしまうし、小学校からも「入学までに」と求められることが多い実態があります。そのため、できたか、できないかが気になりがちたです。討論では、あらためて子どもの心の中で達成感があったのかどうか、心が育っていたのかという視点で実践していくことの大切さが理解できたという発言がありました。子どもの本当の気持ちまで、気づいていなかったのではと思うようになったといった声もありました。

そう考えると、障害のある子どもが友だちに手を出す場面の理解も変わります。どうしていいかわからないから不安になっているのです。得意なことがやれるところが「居場所」となって、そこではその子を認めているということが大切です。

一般的には２～３歳での保育を大切に積み上げると、４～５歳で落ち着いてくることが多いという経験が話されました。また子どもを理解する上では、虐待を受けている場合などその背景を慎重に見定めること、保育者だけでなく、巡回相談員などの専門職の意見を聞くことも大切です。特に発達診断などを通して子どもの課題をつかんで知ることができると保育の参考になります。

どうしても否定されたり止められることが多いので、実践の中で成功体験が積み上げられるよう工夫したいものです。

◎保護者との連携、専門機関と連携

保育園などでの子どもの「困った行動」や気になる状態を保護者に伝えるのは簡単なことではなく、保育者の悩みです。言葉で伝えるだけでなく、保育に参加してもらって園での子どもの中での姿を見てもらい、感想を聞きながら話し合うといった試みが紹介されました。

専門機関で相談や発達検査を勧める場合にも、発達に問題があるかもしれないという視点ではなく、何が苦手なのかを知ってどう支援するかというアドバイスを得るために、という姿勢で伝えたいものです。そのためには、アドバイスのできる専門機関の情報を保育園がしっかりつかんでいる必要があります。

そして療育施設につなげたら終わりではなく、ひきつづき園が保護者の不安や不満を受け止める場になっていることも大事なことです。

日常的に親の声を聞くことと合わせて、親の悩みの交流会を定期的に年２回やっている経験が語られました。

連携という点では、職員間の連携も課題です。困っていることが会議に出せない、先輩保育士からの指摘でショックを受けるという話もありました。正解なのか不正解なのかではなく、共通認識を求め、自分の思いが言えること、まずは認め合える関係が大事で、失敗を出せる職場づくりをしていきたいものです。なお、臨時職員との連携ができていないことが多いので、それを考える必要もあるという提起がありました。

◎まとめ

「同じようになること」を求め、個人を集団に合わせようとすることが多いように思います。しかし、その前に個々の子どもを深く理解する必要があるのではないでしょうか。問題にぶちあった時、子ども自身が答えを出していくことが大事になります。また、意欲があってこそ成長します。

そんな中で、「同じであることとは何か」を改めて考えてみると、それは、だれもが同じように「ねがい」をもっていることなのではないでしょうか。今回報告された事例は、いずれも、子どもの気持ちや思い、意欲を大事にしたすばらしい実践でした。

（文責　荒井　聡）

4　発達のおくれ

共同研究者　松島明日香（滋賀）木下孝司（兵庫）
参加者　19名（発達支援センターや児童発達支援事務所の保育し・管理者、保育園保育士、幼稚園教員、放課後等デイサービス指導員）

◎レポート

「好きなあそびをたっぷりと」　愛知　麻田菜依
「“ヤリマセン”から“ワタシガヤリマス！”の意欲と自信を獲得したAさんの育ちを通して」
愛知　藤田知子

◎はじめに

本分科会では、児童発達支援センター・事業の保育者・指導員だけではなく、保育園の保育士、幼稚園教員や保護者も一緒に、子どもの発達理解、発達保障のための集団づくりや活動について、丁寧に話しあうことを目指してきました。討論を通して、乳幼児期にふさわしいあそびや生活のあり方を共有財産にしていきます。

◎レポートの概要

本年度は、一つの療育現場（南部地域療育センターそよ風）から、子どもに寄り添った丁寧な実践のレポートを２本発表していただき、子どもの発達理解を共有しつつ、子どもが主体的に活動できるあそびや生活のあり方、子どもとの関係のつくり方について深く学ぶことができました。

藤田さんのレポートは、Aさん（自閉症、知的障害）に対する年中から年長にかけて実践を紹介するものでした。Aさんは発達的に２歳ぐらいの力をもち、人なつこさもありながら、音への過敏もあり、できないことへの不安も強い子どもです。実践者としては、Aさん自身の達成感の見えにくさ、主張の曖昧さ、求められていることへの向かえなさを課題として受けとめており、それに対して丁寧な取り組みを重ねています。たとえば、新しいことに挑戦する際、朝の集いの時間を活用して、短期集中して取り組むようにして、本児が「わかる」ことを大切にしています。わかることが自分でもやってみたいという意欲を高めることにつながっています。雰囲気でやってしまうというのではなく、本人が主体的になるための条件を整えようとされたものといえます。その積み重ねの中で、行事での取り組みにおいて、Aさんの「ヤリタイ」という気持ちのサインを受けとめられるようになった藤田さんら実践者は、Aさん自らが活動に参加することを期待して待つことができるようになっています。

続いて、麻田さんの報告で取り上げられたBくん（運動発達遅滞、自閉症、知的障害）は、つばあそびが主で、それ以外の楽しいあそびが見つけにくく、人との関係が築きにくいという困難をかかえた子どもでした。感覚の世界での活動が多く、しかもそれが広がりにくく、実践の糸口がつかみにくい状況であったと思われます。麻田さんらは、つばあそびを減らして、Bくんが人に気持ちを向けて、いっしょに共有できる世界を広げていきたいと考えました。そこで、ふれあいあそびなどBくんの笑顔が増える活動を毎日いっしょに行い、担任のことを「この人、おもしろいことをしてくれる人」と受けとめてくれることを大切にします。また、クラスのあそびを考えていく中で、Bくんを中心において、彼の歩行が安定してきたのに合わせて、一緒にヨーイドンとかけっこをするなどして、Bくんの意識が他児に向くように心がけています。藤田さんの実践もそうでしたが、そよ風の実践では、おとなとの関係だけではなく、子ども同士の育ち合う関係を大切にして、他の子どものしていることを通して、一人ひとりの子どもが好きなあそびを見つけていくことを基本にされていることがよくわかりました。

◎討　論

「ワタシガヤリマス！」というつもりを大切にした子ども理解

藤田さんのレポートのキーワード「ワタシガヤリマス！」には、やらされたり、雰囲気に流されて「できる」ではなく、子ども自身が主体となってできることを大切にしたいという、素敵な子ども理解（子ども観）が表されています。一見、達成感が見られにくい子どもの事例を出し合いながら、子ども理解の基本を話し合いました。

こうした討議を踏まえて、共同研究者の松島さんは、子どもがつもりをもちはじめた際、自分で価値のあるものを選びとることを実践で保障することの意義について整理しました。

身体と心の育ちの基盤を築く

Aさんは、対人面だけではなく、歩行の獲得が遅く、公園などの目的をもった散歩でしっかり歩くことが課題となっていました。Bくんの場合も、全体に運動面の発達がゆっくりペースで、自分の力で目的に向けて移動することが実践では大切にされました。しかも、そうした移動の自由を拡大することを、単に運動機能の課題とするのではなく、目的性をもった活動として、かつ他児との関わりを意識した保育実践に組み込んでいくことの重要性を学びました。

こうした討論を受けて、保育園保育士である参加者からは、Bくんへの取り組みは0歳児保育において実践されていることと重なり合うという指摘が多くなされました。障害のない乳児との共通性を確認する一方で、障害をもつ子どもの場合、自分から動き出すのに時間がかかるといった特殊性が伴うこともあり、子どもの姿に応じて日課を柔軟に変更して、子どもの思いに応えることも大切になります。

友だちの力を借りて

「ワタシガヤリマス！」という思いを強める大きな要因に、友だちの存在があることを、今回の討議であらためて確認することができました。「気になる子」にとって「気になる」友だちができると、その子は大きく変わると言えます。そよ風での実践において集団づくりで留意していることを聞きながら、保育園や幼稚園における集団づくりの実践や工夫を交流しました。

イメージの世界で保育を豊かに

もう一つ、「ワタシガヤリマス！」という自我を育てる上で、見立てや意味づける力を使ってイメージの世界を用いることも大切になるようです。今回の報告では「忍者」や「消防士」が題材となっていましたが、他の児童発達支援の施設でも、「忍者」や「カッパ」が登場している実態がありました。一つの絵本の世界を同じクラスの子どもが同列に理解するのは難しいことかもしれませんが、それぞれの子どもが楽しむポイントを探っていくことで、子ども同士が文化を通してつながっていく可能性を考えることができました。

子どもが自らしたくなる生活には、失敗が許され自由度が高い活動が必要であり、その素材はイメージの世界にたっぷりあるのではないでしょうか。あわせて、保育者にとって、イメージの世界を題材に保育を創っていくことには、保育者自身の楽しみが伴うものであり、日々ワクワクしながら実践する契機となることも、参加者の話から強く感じました。

◎今後の課題

この間、それぞれの地域で児童発達支援事業所が増加しつつあります。市場原理に依拠した制度には、子どもの発達保障にとって改善すべき点が多くあります。また、児童発達支援センターや保育園、幼稚園などの保育条件についても、課題は多くあります。上述の子ども理解や保育・療育に関する議論を踏まえて、今後、子どもの発達保障に必要な制度や条件のあり方を具体的に提案していくことは引き続き重要な課題となっています。

施設、事業所、園といった職場を越えて語りあうことで、楽しい実践を創り出していきましょう。

（文責　木下孝司）

5　自閉症・自閉的傾向

共同研究者　小渕隆司（北海道）塚田直也（神奈川）
司会者　鈴木希世佳（千葉）
参加者　31名（通園施設保育士、保育所保育士、幼稚園教諭、特別支援学校教員など）

レポート
「G君を中心とした集団づくり」
北海道　阿部智恵美
「広がるイメージの世界」　山梨　田中幸樹
「『仲間の中で育つ』ってどういう事？　保育での模索と葛藤」　長野　岩本多津子・増尾小春

◎はじめに

これまでの議論を通して、一人一人の違いに目を向けること、関係づくりを子どもの発達の問題ではなく大人の役割から検討すること、自我や自己信頼性の育ちに着目するということを確かめあってきました。これらの到達点を全体で共有した上で、レポート報告と議論に入りました。

◎レポート報告

田中レポート　M君の４年間にわたる多彩な描画の変化が報告されました。入園当初のM君は慣れない場所に不安を抱え、なかなか友だちとの遊びに加わることができずにいました。

田中さんは、「遊びたいけどなかなか入れない」というM君の思いをくみ取り寄り添いながらかかわり続けました。少しずつ集団の活動に入っていくようになったM君は、パネルシアターを「きれいに並べる」ことを楽しむようになりましたが、思うように並べることができないときは、パネルシアターを手で丸めていらだちを表します。その時期、M君は黒いペンで画用紙いっぱいになぐり描きをしていました。田中さんは、その絵を「自分の思い通りに人や物にかかわることのできないモヤモヤした思い」の表現だと読み取りました。

２年目も、M君の「悔しい」「うまくできなかった」思いに寄り添い、M君が納得できるまで待ち続けました。M君は思いを受け止めてもらうことで気持ちを立て直し、次の活動に向かうようになっていきました。同時期M君は緑やオレンジなどの色を使い、線や丸を描くようになり、表現が多彩化していきました。

３年目になると、M君はアニメの主人公へのあこがれの気持ちが育ち、アニメの歌を口ずさんだり、泣いている友だちにやさしくティッシュを差し出したりするようになりました。そして、アニメの主人公の絵を描くようになりました。田中さんは、「自分がその主人公になっているつもりで描いているようだった」と振り返りました。

４年目は、周囲の友だちの声や音が気になり、集団に入りづらくなりました。しかし、M君が絵を描いていると、その周りに友だちが集まり、M君の表現に共感するようになっていきました。M君は、多彩な色でテレビのキャラクター等を描くようになりました。田中さんは、そうした絵から「みんなに褒めてもらってうれしい」思いや「友だちの中にいることが心地よい」思いなど、M君の思いを丁寧に読み取り、かかわりました。

M君の絵には、M君自身の思いや家族のねがい、友だちの関係などさまざまな意味と価値が含まれていました。子どもの表現の値打ちを実践者が理解し、かかわることの大切さを学びました。

阿部レポート　我が強く、自分の気持ちが伝わらないと相手の髪の毛を引っ張る等の行動が見られるG君を中心にした集団づくりについての報告です。

G君は、療育を受け始めて３年目でした。阿部さんは、G君が安心して人とかかわり、過ごすことができるように、絵や文字などを使って、いつ、誰と、何をするのかを丁寧に伝えました。

また、年度当初、G君は園の遊びで使った物を家庭に持ち帰りたがりました。阿部さんは、G君の思いを受け止めながら、「園の物」と「G君の物」は違うことを丁寧に伝えました。持ち帰りたがった物を紙で作って渡すなど、G君が納得できる方策を探り、かかわりました。

G君には、時折、楽しく遊ぶことのできるY君という友だちがいました。しかし、互いに相手の気持ちがわからないときや自分の気持ちを表現できないときには、思わず手が出てしまう間柄でした。あるとき、G君が「遊ぼう」とY君に話しかけました。Y君は、自分の遊びに夢中で、G君の手を払いのけました。すると、G君は、思わずY君をたたき、周囲の大人の髪の毛を引っ張りました。阿部さんは、G君の「Y君と戦いごっこをしたかった」という思いをくみ取り受け止めました。阿部さんとのやりとりを通して、気持ちを落ち着けたG君は、その後、Y君と仲直りをし、追いかけっこを楽しむことができました。G君の本当のねがいをくみ取り、かかわることの大切さを学んだできごとでした。その後、G君と友だちとのつながりをつくっていくために、さまざまな集団遊びに取り組みました。周囲の楽しい雰囲気を感じながら、子ども同士で遊ぶようすも見られるようになっていきました。

大人が子どものねがいをくみ取りながら、子どもが自分の生活の中身がわかり、安心して過ごすことができるように援助していくことの大切さを学びました。

岩本・増尾レポート　保育園の中で、自閉症傾向のK君を丁寧に受け止めてきた実践でした。

前年度、年中児だったK君は、運動会を節目に「自分でやりたい」という思いが強く育まれてきました。これまであまり意思を出すことのなかったK君の変化に、岩本さんは、喜びを感じるとともに、「やればできる子なのではないか」「やらないのはわがままなのでは」とも思うようになりました。そこで、それまではK君のペースを第一に考えていた場面でも、活動に積極的に誘いかけました。するとK君はクラスに入りたがらなくなり、すぐにカッとなる友だちのようすを気にするようになりました。

岩本さんは、当時の実践について「私たちの間違いだった」「仲間の中で育つことを集団に入れるとはき違えていた」と振り返りました。自分の実践を率直に振り返り、いたらない部分を反省して次に生かそうとする姿勢は大切です。

岩本さんたちは、K君のようすや発達相談員の意見を踏まえて、安心してかかわることのできる大人（第二者）を形成していくことを大切に指導を進めていくことにしました。増尾さんがK君との関係づくりを根気よく進めました。その際、増尾さんは、K君がいつ、何を、誰とするのかがわかり、自分で「やりたい／やりたくない」という思いを表現できるように、その日の予定を、その場で絵や文字で書き伝えるようにしました。増尾さんとのやりとりを通して、「○○したい」や「～嫌だ」といった思いを表現するようになっていきました。また、増尾さんに励まされながら、集団の中で太鼓をたたくなど、緊張しながらも「自分でできた」瞬間を積み重ねていきました。

今、K君は増尾さんではない大人に自分からかかわるようになってきているようです。実践者としては悩みも多くなる時期ですが、増尾さんという「第二者」＝「母港」から少しずつ船出しているK君の育ちが楽しみになる報告でした。

◎まとめ

三つのレポートは、子どもにとっての「意味と価値」を実践者が理解するとともに、子どもが新たな「意味と価値」に出会うことができるように、関係づくりや生活づくりを展開していくことを大切にしていました。子どもは自分の好きなことや嫌なことなど、自分にとっての意味や価値を周囲の人に理解され、受け止められることで、人とのつながりをつくっていくことが示唆されました。そして、その人とのやりとりを通して、新たな意味や価値を学び多彩な経験を積み重ねていくことができるのではないでしょうか。そのためには、子どもの内面を実践者が想像することが大切です。「なぜ黒色で絵を描くのだろう」「なぜ友だちをたたくのだろう」など、子どもの立場に立って考えることが不可欠です。引き続き、子どもの姿をもとに、日々の実践を振り返り、少しずつ子どもの世界に近づくような実践を続けていきましょう。　（文責　塚田直也）

6　多動な子・集団参加が困難な子

共同研究者　別府悦子（岐阜）竹澤大史（和歌山）
司会者　吉田文子（東京）神谷さとみ（広島）
参加者　31名（幼稚園、認定こども園、児童発達支援センター・事業の保育士、児童指導員、教員、研究者など）

◎はじめに

本分科会では、乳幼児期において多動などがあり、集団の中で配慮が必要な子どもたちの療育や保育について話し合ってきました。今回は初めて全障研大会に参加する人が大半を占めました。参加者の８割が保育所・幼稚園やこども園の職員で、２割が療育関係者でした。

レポートがなかったので、相談支援専門員で分科会の運営にも携わってきた吉田文子さん（東京）からの報告をもとに、各現場での療育や保育の実践ついて意見交流をしました。

◎吉田文子「集団参加が苦手なＢ君の取り組み」

Ｂ君は、１歳６ヵ月児健診では遅れを指摘されず、２歳児歯科検診後、市の子ども相談やフォロー教室を紹介されました。児童館や公園では他児の物を取り上げたり、おもちゃで叩いたり、毎日がたいへんでした。遊び場の一つとして参加した療育グループでも集団参加ができない、高い場所に登る、狭い場所に入るなど、他児とは明らかに違う姿を目にしますが、母親はB君に発達の遅れがあるとは考えませんでした。療育施設の夏プールに参加した際には、デッキブラシをプールに投げるなどたいへんでしたが、まわりの親たちがあたたかく見守ってくれました。

３歳４ヵ月の時に療育施設へ入園しました。当初、他児がそばに来ると突き倒す、顔面に唾をかける、おもちゃで叩く、「やめろ」「助けて～」「あっち行け」と人を寄せつけなかったＢ君ですが、遊びを通して先生との信頼関係を築いていきました。先生は「集団活動では、そこにいるだけでいい」とＢ君の存在をきちんと位置づけ、一人ひとりをありのまま認める集団づくりを目指しました。その中で、Ｂ君も自信をもって仲間と関わることができるようなりました。

◎Ｂ君の発達の理解と支援について

Ｂ君は当初、おもちゃ箱からすべて出す、活動の切り替えが難しい、部屋から飛び出すなど、不安なようすでした。また食べられないものが多い、常に体が緊張している、大勢の人がいるところや騒がしいところが苦手といった感覚面での特徴を示していました。先生は「止められたり禁止されたりしないで、思いっきり遊びたい」というＢ君の思いを大事にし、起こってしまったことについては「なかったことにする」、ネガティヴな経験として残るような「上書きをしない」ことを心がけました。

Ｂ君の姿と重ね合わせて、参加者から「給食のメニューに苦手なものが入っていると食べない子どもがいる。少しずつでも食べられるようにと、いろいろな工夫をするがうまくいかない」といった悩みが寄せられました。これに対し、「子どもの思いやルールを理解する」「食事だけではなく、遊びや生活全体の中でとらえる」「体を使った活動をした日は、少し食べる量が増えるのでは」など、議論が深まりました。他にも「食事に関して評価されない」ことが大事なのでは、といった意見も寄せられました。

教室を飛び出す子どもと、それにつられてしまう他の子どもへの対応についての質問もありました。同様に悩んでいる参加者から多くの意見が寄せられました。「マンパワーが十分であれば、じっくり取り組める」「飛び出す前に止められるとよい」「必ず戻すべきと考えると、子どもも先生も疲れてしまう」「なぜ戻って来ないのか、子どもの気持ちやルールを理解し、あたたかく見守る姿勢が重要だ」などと議論が深まり、子どもの主体性を大事にするＢ君の支援と共通するポイントを確認しました。

◎Ｂ君の存在を受け入れる集団づくり

Ｂ君は仲間と関わりたいのにうまくいかない、わかっているのに止められないというつらさを抱えながら、先生との信頼関係をもとに仲間との関わりへと広げていきました。

参加者の中から、「どうして○○ちゃんだけ特別なの？」と子どもに質問され返答に困った３歳児クラス担任の相談や、自分のクレヨンが小さくなったり汚れると、他児のクレヨンを取って自分のものと入れ替える子どものエピソードが紹介されました。

「どうしてなんだろう？　一緒に考えよう」「あなたも～してほしかったんだよね」と子どもの気持ちを尊重しながら問いかけ、何でも一緒に経験する仲間だと認め合うことが重要だと確認しました。

保育や療育の考え方や知識、経験などが異なる先生同士の話し合いをどのように進めていけばよいかという質問もありました。B君への支援をもとに、ベテランの先生が一方的に経験を伝えるのではなく、先生同士が「何となくうまくいく経験」を共有するために、どのような条件が揃った時にうまくいくかなど詳細に話し合った経緯が説明されました。

◎家族への支援

Ｂ君は第一子ということもあり、母親は保健師からの声かけにも特に心配はしていませんでした。しかし、徐々に他児との違いに気づき、でも認めたくないと葛藤しながら、気力を振り絞って療育施設に通っていました。そして「Bは乱暴な子ですよね？」「人にケガをさせたらどうしよう」「どうしたら乱暴が治るんでしょうか」と先生に相談するなど、不安なようすでしたが、先生や周りの母親たちがあたたかく見守ってくれました。先生はB君の父親とも面談を重ね、家族が納得してB君の子育てや療育に取り組めるよう支援しました。

参加者から、話し言葉がなく自分の大切な物を

他児に取られると思い、噛みついたり突き飛ばす子どもの支援について、ケガをさせてしまった子とさせられた子の親にどのように報告すればよいか、という質問がありました。家族の気持ちや思いを本当に理解することは難しく、十分に寄り添えなかったり、ともすれば障害受容を強要してしまうことがあります。同じつらさや喜びを共有・共感できる家族の支え合いを見守ることも、支援者の大事な役割だと思いました。

◎まとめ

参加者から「悩んでいるのは自分だけでないと思えた」「実践のヒントが得られた」などの感想が寄せられました。今回の報告と討論が明日からの実践に生かされることを願っています。

次回以降、開催地をはじめ、全国のみなさんからのレポートを期待しています。

（文責　竹澤大史）

7　肢体不自由・重症児

共同研究者　櫻井宏明（埼玉）
司会者　河村史恵（滋賀）
参加者　16名（保育士、教員、看護師、学生など）

レポート
「保護者と共につくる訪問教育　その子らしさを大切に(1)」　滋賀　藏貫裕子
「保護者と共につくる訪問教育　その子らしさを大切に(2)」　滋賀　林　美和

◎はじめに

これまで肢体不自由があって移動や運動、手指の操作に困難さがあったり、医療的ケアが必要だったりしても、乳幼児期にふさわしい子どもらしい生活を送ることができるよう、保育・療育や家族支援について話し合ってきました。今回は2本のレポートをもとに重症心身障害児が家庭の介護･看護中心の生活にあそびを届ける実践について論議を行いました。

◎レポートの内容

いずれも大津市立やまびこ総合支援センターやまびこ園・教室が実施している訪問療育の実践です。訪問療育とは登園が困難な子どもを対象に家庭に保育士などが訪問して行う療育のことで、1985年から開始し、2000年頃からは医療依存度の高い子どもも対象とするようになりました。

藏貫レポートは、病院でずっと過ごしてきて在宅でのケアが始まったばかりの子どもの実践です。人工呼吸器をつけて、医師からは目も見えない耳も聞こえづらいといわれていましたが、母親は双子の妹と同じ経験をさせたい、たくさん刺激を受けてほしいとのねがいをもっていました。

訪問する保育士は季節を感じてほしいと考え、視覚や聴覚には頼らないでトマトの苗を植えて育てる活動を行うことにしました。苗植えに際しては、姿勢について理学療法士とも相談し、2名の保育士と母親が身体を支えて横臥位で行いました。苗に水を与えるにもポリ袋に穴を空けるなど工夫しました。本人は食べることができませんが、家族でトマトの実を食べてくれて、実をつけなくなってからもトマトの苗を大切にしてくれたエピソードも紹介されました。

「もう1回やりたい」という子どもの発信を丁寧に読み取って、それに応える「みんなのひろば」（運動会に相当）の実践では、その発信を家族と共有することができたと報告されました。

林レポートは、4～5年訪問療育を積み重ねてきた実践です。ヒカリさんは、訪問療育の出席時に貼る保育者が手作りした2種類の「出席シール」の中から自分の好きなものを選ぶ場面で、母親の好みに合わせるのではなく、自分の好きなものを選ぶようになったこと、そのことを母親が心の成長だと喜んでくれたとのことが報告されました。

ダイチくんは、段ボールでつくった剣を持って紙でつくったおばけを退治するあそびに手応えを感じるようになり、母親が今まで見たことのない姿に「やんちゃなあそびが好きなんだ」とうれしそうにしたことが紹介されました。

こうした子どもの育ちの上に、保育者は子ども同士のつながりをもってほしいと考え、月1回の共通の登園日を設けて交流を積み重ね、さらに登園日に一緒に楽しめるように、それぞれの訪問療育で、お話あそび「がらがらどん」を共通に取り組み、登園日には子どもの思いを言葉に出して子ども同士をつなぐ保育士たちの支えによって子どもたちが「がらがらどん」を楽しむことができました。

◎子どもの好きなあそびを見つける

参加者から「好きなあそびが見つけられなくて悩んでいる」との発言がありました。レット症候群の子どもで、園では長い期間をかけて、シーツブランコや水風船を使ったあそび、感覚あそび、くすぐりあそび、リズムあそびなどに取り組んできているが、手もみをしていて自分から手を伸ばして積極的に関わることがない、リラックスして身を任せるようなことが見られないとのこと。一方、ときには友だちのやっているようすを見たり、一緒の活動の中で友だちの肩に顔をのせたりすることもあるとのことでした。

他にも、一緒にあそびたいと思えるような人間関係を育てることが重要ではないか、好きなものをちらっと見るということも興味を示していることなのではないか、過敏さがあって手を使った活動をしたがらないのではないか、姿勢が崩れるのを怖がって座位が不安定な活動は楽しめないのではないか、といった意見が出されました。

「好き」の表出を「自ら手を伸ばしたり、積極的に関わったりする」ことだけではなく、眼球の動きや友だちとのちょっとした関わりから推測してとらえてみることも必要でしょう。また、「苦手なあそび」を繰り返すだけでなく、どこが「苦手なのか」を考えながらあそびに変化をつけ、子どもに合った展開をすることが求められます。

重症児の場合、「好き・嫌い」の表現をとらえることもやさしくありません。目の開け方であったり、舌の動きであったり、筋緊張の様子であったり、ときには心拍などのバイタルサインの変化であることもあります。眠たそうにすることも、入眠のリズムが不規則ということも考えられますが、その子どもなりの発信ということも考えられます。さまざまな可能性を考えながら、集団的な検討が求められます。

◎肢体障害のない子どもとの活動のテンポの違い

多くの園では肢体不自由の子どもたちは、動きのある子どもたちと一緒の集団の中で生活しています。そこで悩むのが、集団で活動するときのテンポの違いです。動きのある子どもと肢体不自由の子どもとのかかわりをどのようにつくっていったらいいのか話し合いました。肢体不自由の子どもたちと保育者が楽しくあそんでいると、動きが活発な子どももたちがそのあそびに興味を持ち入ってくる、あそびのある部分を肢体不自由の子が担うことで一緒のあそびをつくる、肢体不自由の子どもたちの主な活動は見たり聞いたりすることになるが近くで遊ぶことで活動の舞台を共有する、などの取り組みの経験を交流しました。

◎まとめ

重症児のアセスメント・子ども理解

重症児を理解することは簡単なことではありません。子どもとのかかわり（実践）を通して少しずつ理解を深めていきます。その過程で、間違った見立てをすることもありますが、実践を通じて修正をします。「子どもを理解しようとする」ことが重要です。

子ども理解の手がかりとなるのは、子どもの微細な動きや視線の動き、ときには筋緊張などです。保育者集団での話し合いを通じて、子ども理解を深めます。

子どもの発信を捉え、親しい大人との間で、伝わっていることを確認しあうことを積み重ねることは、子ども理解であると同時に、子どもの表出を「サイン」として育て、コミュニケーションの力を伸ばす実践でもあります。子ども理解において、障害、発達、生活という視点が重要だといわれます。定型の発達をふまえつつ、障害特性や生活状況との関係で子どもを理解し、「その子らしさ」を尊重することが大切です。

子どもたちをつなぐ

集団の中で子どもは発達するといわれています。それぞれの条件によって集団は違いますが、子どもたちがつながることを志向することは重要です。

訪問療育では、複数の保育者で訪問したり、登園日に子ども同士の出会いを組織したりしています。障害が違って、活動のテンポが違う子ども同士も活動の舞台を共有する工夫をしてつながりをつくります。

子どもの生活を豊かに

あそびは、失敗したり、試行錯誤したりすることを許容するもので、子どもの「もっとやりたい」という意欲を育ててくれます。豊かなあそびと生活で、「○○までにできる力」を身につけさせるといった押しつけではなく、「その子らしさ」の育ちを大切にします。

家族も含めた生活という視点が必要です。障害の受容を含めた家族の支援、子どもの将来の姿も想定して就学を家族と一緒に考える支援なども私たちに求められています。

（文責　櫻井宏明）

8　就学・修学・教育条件整備

共同研究者　小林　徹（福島）児嶋芳郎（埼玉）
佐竹葉子（東京）
司会者　西園健三（鹿児島）
参加者　11名（障害児学校・障害児学級教員、保育士、福祉行政・教育委員会職員など）

レポート

「木曽地区各小中学校特別支援学級・特別支援学校における特別支援教育」　長野　安江　健

「学級編制・就学指導による児童生徒『玉突き』誘導・移動の実態」　奈良　山﨑洋介

「“島に広がれ、学びの輪、結びつきの輪” 離島における町村の連携によるシステムづくり」　島根　野津　保

◎はじめに

この分科会は、つぎの２つの課題を中心に置き、特別支援教育の動向の中でどう実現していくのかを討議してきたことを共有しました。

①保護者や関係者の合意を基礎にすべての子どもに適切な就学と修学を保障するために就学指導や就学相談、教育相談の取り組みをどう進めるか。

②就学相談などの取り組みを既存の教育機関への振り分けに終わらせないためにも、地域にどのような質をもった学校、学級を、どのような規模でつくりだしていく必要があるのかなど条件整備を進めていくこと。

また、討議を進めるにあたっては、保護者、家族の不安や悩みに学びながら、異なる職種・立場の相互理解と協同をつくりだす場であること、また、地域による多様性や格差を念頭に置くことなどを大切にしていこうと確認しました。

◎報告と討議

・安江レポートは、長野県木曽地区の特別支援教育担当者（特別支援学校、特別支援学級、通級指導教室）へのアンケートを通して、地域の現状と課題を調査研究したものです。木曽地区の教職員組合の役員でもある特別支援級担任の安江さんは、「現在、木曽地区の特別支援学校を経験した職員が通常学校の特別支援教育担当をしているケースが大半です」と切り出しました。「僻地と養護学校を一度は経験する」という人事異動の標準がある長野県の特徴に、参加者は驚きました。調査の結果、担当者構成は50歳以上が46％、40代が14％、30代が20％、20代が18％で、10年後の経験者の減少が危惧されること。特別支援学校経験の有無ではほぼ半々、特別支援学校免許取得の有無では61：35と免許のない人も多くなっていることなど今後の担当者の専門性が維持されにくくなっていることなどが報告されました。また、記述式の「困っていること」欄には、「特別支援教育への一定の意識は広がりつつも、子ども理解や基本的な指導の在り方などを通常学級も含めた職場の中で共有しきれてない」「ソーシャルスキルトレーニングやビジョントレーニングなどの技法を学ぶ機会が書籍以外にない」などの実態が述べられていました。安江さんの「木曽地区の教育の質を向上させたい」という思いがひしひしと伝わってくる発表でした。

討論では、人事異動によって特別支援学校経験を増やしたりや免許取得を促進させたりすることは、形としては必要ではあるが「教師の専門性とは何か」が問われるのではないかが語られました。知識や技法などではなく、教職員集団の中で子どもについて語り合う中で学び育ち合い、力量をつけていく“専門性のつくれる学校づくり”が大切ではないかという意見に納得しました。

・山﨑レポートは、「特別支援学校（重複→単一学級）→特別支援学級→通級による指導」という副題がついていました。山﨑さんはゆとりのある教育を求め全国の教育条件を調べる会会員で、統計や調査から教育の実態を解明しようとしています。「特別支援学校重複障害学級（３人）→

特別支援学校単一障害学級（６人）→特別支援学級（８人）→通級による指導（13人）（学級編制定数）」と、しだいに大きな学級となる方向で「教員の数が減らされていく」ことを、山﨑さんは「“玉突き”誘導・移動」と表現しています。つまり、全国や奈良県の各学級数や在籍者数の統計をとると、①重複障害学級数の減少、②特に奈良の特別支援学校の学級編制と就学基準の厳格化、③特別支援学級の増加、④2017年法改正による通級指導教室の教員の基礎定数化、⑤通級による指導の拡大などの状況がはっきりしてきています。奈良県では「安易な重複障害学級編制をするな！」「療育手帳のB2（奈良県では４段階の軽度）判定者は特別支援学校に入れない」という暗黙の入学制限も横行しているといいます。さらに重複障害学級編制率60％（最下位の東京の２倍ある）を減らす、県独自の自閉症・情緒障害学級６人編制を８人に戻す、通級指導を学校や地域単位でなく県全体の通級対象者を13で割って担当者を算定し配置しようとするなどの動向があります。むしろ全国の状況を奈良県のこれまでの配置に近づけてほしいという私たちの願いと逆行します。

人件費（教職員）抑制のために、国や自治体が「意図的に行っているのではないか」との疑念が現実のものとならないよう、「教育を商品として営利企業に売り渡さない」よう、全国や各地域で調査や現状把握を進めていかなくてはなりません。

・野津さんは、本土からフェリーで２時間、「隠岐島という名の島はない」４島で人口２万人の島嶼部の隠岐教育事務所職員です。隠岐養護学校の前校長でした。養護学校義務制実施の1979年に開校した隠岐養護学校は、本土の養護学校の「分校構想」に対し、“隠岐は「島」ではない、「國」である”という精神で当初から分校ではなく本校としてスタートしました。その隠岐で各町村が地域連絡協議会をつくり相談支援チームが発足し、行政・学校・保育園・関係機関の結びつきができました。そして「隠岐広域連絡協議会」を立ち上げ、タテとヨコの結びつきを強めています。隠岐教育事務所と隠岐養護学校と児童相談所の隠岐相談室は四町村すべての会議に加わり、町村の垣根を越えた情報交換を担っています。就学前から小学校への移行だけでなく、中高の情報交換会を設けるために地元の隠岐島前高校に「地域担当」教員を独自に置き、教育事務所と教育委員会とで中学校まわりに同行するのです。

このシステムづくりの中心を担ったのは教育事務所の指導主事で「町村ごとに部局を越えた情報共有の場をどうしてもつくりたい」という熱意で４島を“つないだ”のでした。人と人が結びつくことによって“連帯と共同”が生まれてきて、そして町村の担当者が特別支援教育を知り“自己変革”され“人間的成長”をしていったそうです。これからの時代、地域に必要な自立支援協議会「子ども部会」の理想型ともいえそうです。地理的不利にも見えることを「顔と顔が見え，人と人が結びつく」隠岐ならではの取り組みにしていったことに多くのことを学びました。

＊

児童発達支援センターの参加者からは、教育支援委員会の就学問題の難しさや保護者自身の障害受容について訴えられました。子どもや保護者の立場に沿った就学支援の在り方を各地域で積み上げていくことを3つのレポートから学んだと、この分科会に参加した意義を語られました。

◎おわりに

今年は保護者の参加がなかったものの、特色あるレポートが出され、多くの学びと交流ができました。最後に共同研究者が、つぎのようにまとめました。①子どもを真ん中に、教職員や関係者が「子ども理解」を進めるなかで、教員どうしの学び合いや育ち合いを保障する学校づくりを展開していきましょう。そして、つながれるところと可能な限りつながって、世の中の価値観（効率や生産性のみが強調される）とたたかっていきましょう。②養護学校義務化40年にあたり、一般に示されるピラミッド型「学びの場」を越えたところでの多様さや連続性をつくりあげていきましょう。例えば、小中高校に付設した特別支援学校の分校の問題点、市立特別支援学校づくりのハードルの低さを活用した学校づくり等、今後いろいろな角度から検討し運動を進めていきましょう。

（文責　西園健三）

9　小・中・高校などにおける教育

共同研究者　宮本郷子（大阪）
司会者　高橋翔吾（大阪）
参加者　11名（小学校教員（通常学級担任・通級指導教室担当・特別支援学級担任）・高校教員・特別支援学校教員（コーディネーターなど）・教育相談員・元小学校教員など）

レポート
「生活習慣の定着、自己肯定感の低さが際立つADHD高２生の就労に向けた取り組み」
長野　北原恵美
「『学力向上』と『スタンダード』で、学校から失われつつあるもの。」　大阪　高橋翔吾

◎はじめに

自己紹介と問題意識などを、参加者が一人ずつ話しました。どの地域でも、障害児学級の子どもたちが急増していること、発達障害などの子どもたちが通常学級からはじき出されている状況があるのではないかということ、障害児学級は増設されてきたが教育内容も充実させなければならないこと、高校での発達障害の子どもたちの支援のあり方、障害児学校の過大過密と地域の中にあってほしいことなどが語られました。

続いて、共同研究者の宮本さんから、この分科会の経緯と討論の視点が話されました。この分科会は、特設分科会「通常学級分科会」として1990年代後半にスタートし、その後常設分科会になりました。特別支援教育やインクルーシブ教育が言われるようになって、通級指導教室や校内体制づくりとともに注目されるようになりました。制度論と内容論は総合的に論議することが大切だという観点から、2009年から「通常学校での特別支援教育体制づくり分科会」と合同で行ってきました。昨今の高校においても発達障害などの特別なニーズをもつ子どもたちが学んでいる実態、また高校でも通級による指導の制度が始まったことを受けて、前回から「小・中・高校などにおける教育分科会」となりました。この間のレポート報告と討論から、発達障害の子どもたちも含めすべての子どもたちが受け止められる多様な場の条件整備や、ゆるやかなルールの学校や学級集団の必要性、自由裁量度の高い実践の重要性が確認されてきました。

◎レポートと討議

・北原レポート

発達障害の生徒を多く抱える高校からの報告でした。県内に３つある多部制・単位制高校は、高校再編によってできましたが、ちょうど高校での特別支援教育の声が大きくなる中で、発達障害の生徒たちの支援も模索しながら先進的な取り組みをしています。今回は、ADHD傾向のある修君の事例が紹介されました。修君は、「生きる価値がない」などと言う、無気力な面のある生徒でした。小中学校で適切な指導を受けておらず、また家庭環境の脆弱さもあり、身なりが清潔でなかったり空気が読めなかったりしています。学級の生徒たちからは、理解はされつつも疎まれているところもありました。文化祭の準備で揉めたことをきっかけに、学級では修君への不満が爆発しました。アスペルガー傾向のある生徒たちが中心になって謝罪を要求し、担任とコーディネーターの北原さんとが話を聞きました。北原さんは、本人とは特性の理解についてのやりとりを繰り返しました。その後、通級教室ができたことにより、修君も対象になりました。北原さんを中心に、日々の生活のことや学校生活のことなどをていねいに関わる中で、修君は北原さんに信頼を寄せるようになりました。

北原さんは、高校における通級による指導は、通級担当者一人だけではなくて、学校全体で行う必要があること、家庭のことや卒業後の進路のことで福祉とつながること、一斉授業のあり方を問題提起したことなども話されました。

討論では、学級の自治の力や青年期の自分理解が話題になりました。困ったことは何でも先生が聞いてくれる安心できる場で、友だちと深く関わることで、学級の自治の力が育まれます。一方で北原さんからは、担任はたいへん苦労したことも語られました。発達障害など課題を抱えた子どもたちと学級集団をつくっていくことに、たいへん力がいることも感じました。また、修君はラウンジ（北原さんがいて、発達障害などの生徒たちが集まってくる場）で、同じような特性をもつ生徒と関わり、自分も同じ困難や苦手があるとわかります。発達障害があると告知されていても、本当にわかっていることとは別だという話もありましたが、青年の自己理解や他者理解の仕方やその大事さがわかりました。高校での通級指導が始まりましたが、校内での理解をどう広げるか模索しながらの状態である学校が全国的には多いことや、高校に比べると中学校の通級指導教室はある程度整備されてはいるが、機能している学校は少ないのではないかなど、全国的な状況も交流されました。

共同研究者の宮本さんは、北原さんの実践から、個別の支援と学級づくり、さらに授業づくりにも取り組まれているところ、生徒のことでは校内にとどまらず地域や福祉とも連携しているところに学びたい。先進的な実践で、歴史と蓄積があると言われました。

・高橋レポート

全国学力学習状況調査（全国学テ）が実施され十数年、小学校現場の中で変わってきたなと感じることが報告されました。昨今の小学校では、「学力向上」が声高に言われるようになりました。全国学テの過去問が宿題になり、府や市の学力調査（テスト）も行われます。また、「スタンダード」と言って、授業や学習のやり方や、給食や掃除の仕方などを校内で統一しようとする動きも強いです。どの教員も同じように指導できるように、また発達障害の子どもたちも困らないようにと言われていますが、子ども理解の問題がすり替えられているようにも思われます。報告者は、学校教育で大事にしたいのは、統一した指導ではなくて、多様な人間性や価値観と出会わせることだと主張しました。決められたことは守ることも強調され、教員も子どもたちも、よりよく生きるために事態は変えることができるという、主権者としての意識は薄くなったのではないでしょうか。以前にこの分科会でも報告した「1／4と1／4メートル」や鍵盤ハーモニカが吹きたい菜々子ちゃんの実践などを紹介し、自由裁量のある学校やゆるやかな学級集団の中で発達障害の子どもたちも受け止められることも、改めて話されました。障害児学級は、「学力向上」や「スタンダード」からは少し距離があり、実践の自由も相対的にはある程度ありますが、「学力向上」に取り込まれるか、蚊帳の外かどちらかになりやすいとも言われました。

討論では、「スタンダード」をめぐる各地の状況が出されました。考えないで実践している教員や、学力テストなどでそう追い込まれている学校現場の状況が浮き彫りになりました。全国学テでも新学習指導要領でも、考えを表現することが重視される一方で、「スタンダード」のような型通りを要求され、政策的なものを感じること。クラス替えが毎年行われるようになって、早く学級をまとめるために、「スタンダード」に通じるルールづくりを急ぐようになったのではないかなど、意見が出されました。

共同研究者の宮本さんから、子どもといっしょにつくっていく学級や授業を大事にしたいし、こうした学級づくりには時間がかかる。昨今の学校現場の状況であるからこそ、種をまきながら学級が育つのを待つことも意識して大事にしたいとコメントがありました。

◎まとめ

レポート報告と討論を通して共同研究者の宮本さんは、本当のインクルーシブ教育の実現のために、どの子も受け止められる学校・学級・授業づくりと、子どもを丸ごと捉える視点、試行錯誤しながら実践をつくっていくことの大事さ、それとともに教員を増やして学級の定数を引き下げるなどの教育条件整備も大切であることが確認されたと、まとめられました。

（文責　高橋翔吾）

分科会報告

10　障害児学級の実践

共同研究者　森　敦子（高知）
司会者　石原真由美（埼玉）小池えり子（東京）
参加者　12名（小・中特別支援学級担任・通級指導教室担当・特別支援学校担任）

レポート
「子どもたちとの楽しい日々」東京　小池えり子
「からだ描いたで。抱っこしてる。Hくんがお手々でさわってる。黄色いのをさわってるねん」
大阪　山林　哲

◎はじめに

レポートが２本だったため、それぞれのレポートについて時間をとって話し合い、共通する大事なことや、参加者の悩みや関心から意見交換をする時間をとる形式で進めました。

参加者は、分科会の常連である人、初めてこの分科会に参加する人、全障研大会が初めての人からなり、また、地域も東京、埼玉、岐阜、三重、広島、地元長野（4名）と幅広く、長く障害児教育に関わる者と通常学級から替わって間もない者と経験もさまざまでした。以前から、障害児学級は「あちらの常識はこちらの非常識」と言われるように、学校の規模や学級の人数、担任や支援員の数が異なるばかりでなく、多くの時間を通常学級で過ごし障害児学級へは数時間戻るだけの形式だったり、日常のほとんどを障害児学級で過ごす形式だったりと、それぞれが置かれた状況はさまざまです。小人数だったので長めに自己紹介をして情報交換をしました。

分科会基調では、昨年は発達障害の子どもにひきずられて困難な学級経営の話題が多かったこと、学力競争と管理教育からドロップアウトせざるを得ない子どもたちの受け皿になって障害児学級の人数は急増し、個のニーズに対応せざるを得ない状況があることが特徴であり、このことを踏まえて今分科会では、障害児学級からどう発信していくかを今日のレポートから学んでいこう、という提起がなされました。昨年の討論の柱、①集団づくり、②教育課程、授業づくり、③交流・共同教育、④子ども観、教育観を共有できる教職員集団づくりは、障害児学級運営の基本です。今年もこの4点をベースに討論をすすめました。

◎レポート１　山林実践

入学したての１年生３人と何かを成し遂げる経験を、と始めたトウモロコシの観察。絵を描くことに苦手意識のあるHくんは、最初に「あいうえお」と書いて先生に見せたそうです。その時の先生のさりげない対応が次も描いてみようかなという気持ちを育てたのではないか、それ以前に「あいうえお」を見せてもだいじょうぶだという安心できる先生や友だちとの人間関係ができていたのだ、今まで幼稚園で「できる」「できない」の価値観の世界にいたであろうHくんの内面の育ちの姿である、という意見が出ました。共同研究者からは「内面の表現」と「集団編成」「教職員集団づくり」の視点のレポートであるとの指摘がありました。

トウモロコシがぐんぐん大きくなって、友だちや先生の背と「比べる」活動が子どもの心をゆさぶり、それがレポートのタイトルであるHくんのつぶやきと絵となったのです。「通常学級に戻すための場」と言われた7年前の転任当初から、教科グループという考え方が学校に根付き、子ども達の成長を喜びあえる教員集団になるまでの日々の山林さんの努力に拍手です。

◎レポート２　小池実践

小池さんは、今までどんなに苦しいときも、毎年全障研で報告することを自分に課し、書くことを支えにして毎年レポートを携えて参加してきたと語りました。再任用満期、最後の年も波乱の１

年でした。体調をくずした担任をカバーするために31名４学級の特別支援学級を６月末に３学級に組み替えて仕切り直したそうです。不安がる保護者に説明することから始め、朝の会を大事にし、お互いを認め合える学級をつくり、絵本や学芸会の劇、算数などの教材を吟味し、子どもの笑顔を保護者に届ける努力をしてきました。ピンチを見事に立て直した実践は教職40年の知恵が詰まった教育の王道を行くものであり、励まされました。

◎これまでの討論をふまえて

通常学級と障害児学級との関係や教育課程づくりについて話し合いました。

今回のレポート２本は、「原学級主義」の下で、いかに学級集団で学習する時間を確保するかが毎年の戦いである大阪と、通常学級の音楽などに行っている児童は在籍31名中ほんの数人という東京と、両極端の地域からでした。参加者の中からは、「通常の学習についていくことのできる子が多く、生活面も通常で過ごすことが多いが、障害児学級が心の支えとなっている」という状況を語る発言がありました。長野では地域の学校と特別支援学校間の「副学籍」という制度があり、朝の会は地域の通常学級に出て、終わったら保護者が特別支援学校へつれて行く、行事があるときは１日いることもあってうまくいっている、という発言もありました。

保護者のニーズと本人のニーズの温度差も語られました。教科の交流に際しては「通常学級の担任との連携＝職員集団づくり」が大事であると確認しました。一緒に過ごすのを優先してわからないのに座り続けるというのは「虐待」ではないか、通常学級の授業のねらいがあり、知的障害があるかないかは教科交流をすすめる上で大きな課題である、という意見もありました。どこを基礎集団とするかだけではなく、人権を大事し、本人も自分を知ることのできるその子にふさわしい場が大切であると確認しました。

授業づくりについては、大阪など、通常学級から取り出してのマンツーマンでの国語や算数だと、児童がつらく、通常学級の方がましと言いだすケースもあるとのことでした。障害児学級での授業の在り方を、「通常に戻すことが仕事」「より低学年の学習をすることが仕事」と思っている教師もいて困難は尽きない、との意見もありました。

小池学級で来年度から特別支援学校に転校する予定のお子さんがいて、それは、良い授業をし、子どもがのびのびする姿を見て、保護者がよりこの子に合う場所を自ら選んだということでした。小池さんの「軸となる授業をしたいと40年間思い続けてきた」という言葉の重みに、やはり授業がかなめ、教材で勝負なのだと、参加者それぞれが胸に刻みました。

◎まとめと今後の課題

共同研究者より、次のようなまとめがありました。

昨年の分科会での学級が荒れて苦しんでいるという報告が、１年たち落ち着いてきたと聞くことを喜ばしく思う。苦しいときこそ、全障研大会や地域で報告し全国のがんばっている仲間を支えにし、何が大事か基本に立ち戻って学級を経営していきたい。また、インクルーシブ教育という名の下に個の発達を無視した通常学級への安上がりな流れが全国に広まっていることに敏感になり、それぞれの実践を各地域で深めて、次の北海道、その次の静岡に持ち寄ろう。

（文責　石原真由美）

11　障害児学校の実践

共同研究者　山中冴子（埼玉）
司会者　石田　誠（京都）
参加者　19名（特別支援学校教員、放課後デイサービス職員、学生）

レポート
「書道の神様が登場する書道甲子園」
長野　野本和之
「来年は立候補しようかな」神奈川　河相美和子
「問題行動に対する支援・指導」滋賀　竹下　光
「特別支援学校の音楽について」滋賀　岡ひろみ

◎はじめに

今回は、レポートも４本出て、内容も子どもへの具体的な関わり方から、授業づくりまで幅広いものとなりました。発達的な視点を共有しながら論議が進められるよう、冒頭に共同研究者の山中さんが、昨年度までの論議を踏まえて、基調報告を行いました。

◎基調報告

最近の実践を取り巻く状況を見ていくと、教育の目的が人格を育てることではなく、人材育成になっていると感じます。改訂学習指導要領は、通常学校との学びの連続性を言いますが、特別支援学校の独自性や柔軟性が発揮されなくなっているのではと危惧しています。「資質・能力」の考え方についても、その発想は教育の場からの発想ではありません。私たちが、政策文書に出てくる言葉を捉え直してみせることも戦略的に重要ではないかと考えます。分科会の論議の中で、その子にとって、「わかるとは何か」「何をどうわかってほしいのか」をつかみ、どういう発達状況にあるのかを話題にしていければと思います。

◎レポート報告

・竹下レポート

軽度の知的障害があり、教師に対して性的な関わりを要求したり、飛び出しやパニックをたびたび起こしたりする中学部のAさんについてのレポートです。参加者が、報告者から学校の職員配置やAさんの家庭環境や生育歴を聞き取る中で「施設は刑務所、学校は障害児の学校」と言い切る彼の思いの底にあるものは何かを考えていきました。放課後デイの場では、穏やかに過ごすことができるAさん、手先が器用で人と１対１であれば、お菓子作りなどたくさんの好きなことができるAさん、人に受け止めてほしいという切実な要求と集団へのジレンマがあるのではないか、Aさんが自分のねがいに気づいた時に教師との関わりも変わってくるのではないかといった意見が出され、「問題行動」の見方を広げることができました。

・岡レポート

岡さんは、特別支援学校の教員をしながら、大学の非常勤講師として、特別支援学校の音楽について講義を行っています。子どもたちの学習場面を記録した実際の映像を見ながら、「音楽づくり」について学び合いました。岡さんは、特別支援学校で、音楽を担当していましたが、転入してくる子どもたちの中に音に対するトラウマを抱えている子どもがいることに気づきました。そこで「どんな音でも大丈夫」、「失敗はない」音づくりを工夫しました。子どもたちの発達段階を踏まえ、合同とクラス音楽といった集団編成を行いながら一人ひとりの表現を引き出していきました。受講した学生たちの感想文も新鮮で興味深いものでした。

・野本レポート

知肢併置校の高等部、医療的ケア生を含む生活コースの実践です。冬の季節の行事である書き初めをみんなで楽しもうと取り組みました。分科会で実際に生徒たちの作品を鑑賞しました。障子紙

１巻を３枚つなぎ合わせた大きなものです。子どもたちが、主体的に取り組むために筆を選んだり、姿勢等に工夫がされたりしていました。日々の活動の積み重ねの上に足りないところをどう載せるのかが、生活を豊かにするという価値につながります。

・河相レポート

知的障害教育部門をもつ特別支援学校高等部の生活単元学習、選挙体験学習の取り組みです。来年度からできる生徒会にむけて、卒業生を送る会での学年代表を選挙で決めるという内容です。各地の生徒会役員選挙等への取り組みを交流しましたが、合否の理解の難しさや落選した子への対応など、学びにつながる手立ての工夫が必要なことがわかりました。共同研究者の山中さんからは、学校生活の主人公として選挙など正当な集団で変えていくことができるというのが主権者教育につながると考えられますが、この報告のように「来年もやりたい」や「自分も立候補したい」と参加するなど、そこに至るには、いろいろな道筋があるのではとのコメントがありました。

◎討　論

討論では、教育課程や授業づくり、また子どもの問題について、各地のようすを交えながら深めることにしました。

学習指導要領のしばりが、日々の指導案や学期の目標、評価などに関わっている状況は各地にあります。しかし、音楽や美術などで「楽しむ」といった情意的な目標は大切であり、特に重度の子どもたちであれば、大切なのは、「できる」「できない」ではありません。子どもの見方も集団で共有することが大切です。子どもを「できるようにさせねばならない存在」にするとみんなで子どもを追い込むようになってしまうのではないでしょうか。

また児童生徒数300人、教職員120人、そのうち臨時的任用が４分の１などといった過密過大な学校の教職員配置が報告されました。子どもたちの下校後もすぐに仕事で、他の教師たちと話す時間もない、そんな中では教師の喜びを日々感じられなくなってしまいます。教師の仲間づくりも進まず、何を大切にするのかを見失っていきます。

一方、子どもについて保護者と一緒に考えることを大切にしている学校もあります。生活単元学習も「労働」を行い、その子にとって価値あるものを考えているそうです。

学習指導要領をよく読み込んで、発達の視点をしっかり持ち、引き出しを増やすことの大切さを共有しました。

◎まとめ

今年も分科会の１日がとても短く感じられるほど、密度の濃い討議となりました。最後に山中さんが次のようにまとめました。

現場は、資質・能力といった要素主義のしばりが強くなっています。子どもたちの実態把握で弱みと強みを分けて書くよう言われたりしますが、問題行動の中にも発達の芽があるし、きれいに分けることはできません。そこに教育委員会との温度差があります。発達論は人格を育てることを重視します。現場では、たとえば、自立活動の区分で判定するなどの行動的な側面でなく、人格を育てながら課題をどう発見していくのかが大事です。また集団をどう育てるのかも必要です。論議の中で、「自分にとっての価値」という大切な言葉がありました。外に価値を置くと従属的になってしまう、「愛される」行動の中にある従属的な意味を伝え切れていないではないでしょうか。教育を自己責任にするのは、特殊教育論の復活です。何がいけないのか、仲間をつくりながら考えていきたいものです。今回の論議を各地に持ち帰り、実践に活かしていければと思います。

（文責　瀧川恵里子）

12　後期中等教育

共同研究者　船橋秀彦（茨城）
司会者　島　由佳（北海道）神野　愛（東京）
塩田奈津（京都）
参加者　12名（特別支援学校教員、元教員、学生）

レポート
「平和について」　茨城　寺門宏倫
「『友達』への憧れ」　埼玉　鈴木こずえ
「ひかるさんから考える授業づくりと学校づくりへ（その1）」　滋賀　中島芳明

◎はじめに

最初に参加者の自己紹介を行い、所属や分科会参加への問題意識等を発表しました。参加者のほとんどが高等部で比較的軽度の生徒を担任する教員でした。地域によって課題はさまざまで、「愛される子どもたちをつくる」と掲げてしまう学校に対してどう向き合うか、過疎化する地域で普通高校に入った結果、適応できずに苦しむ生徒たちの存在をどう捉えるか、過密化、さらには生徒の多様化が進む学校において何を大事にしていけばいいのか、など多岐にわたる課題が出されました。

その後、共同研究者より基調報告を行いました。インクルーシブ教育がうたわれる中、高校も含めた後期中等教育をどう描くのか、企業就労に特化した職業教育に対して私たちはどのような職業教育や進路指導を描くのかが大切であることを確認しました。検討課題として、昨年の分科会報告をもとに、①生徒が「青春している」と実感できるような教育の保障、②知的障害のない発達障害の生徒の後期中等教育における実践を深めていくこと、③企業就労のみに限定されない進路指導、「もっと学びたい」という希望に沿った開かれた進路指導をあげ、討議に入りました。

◎レポート報告と討論内容

・寺門レポート

修学旅行で沖縄の「ひめゆりの塔」を訪問するにあたって、高等部３年生の生活単元学習で行った「戦争と平和」の授業についての発表でした。パワーポイントを使用し、模擬授業の形で発表が行われました。沖縄の歴史を狩猟時代から戦後まで扱い、「沖縄」の名前の由来から江戸幕府や明治政府との関わり、日本が開戦に至る経緯、「ひめゆり学徒隊」と沖縄戦について、主にイラストを使用して説明されました。

討論では、平和教育において「歴史」を教えることの難しさについて話し合われました。レポートの授業では、日本の侵略戦争であったことにも率直に触れていましたが、戦争の悲惨さだけを取り上げるのではなく、狩猟時代からの沖縄の歴史について一つ一つ事実を積み重ねて説明していることが良かったのではないかと確認されました。基地問題など現在も続いている問題について触れるのは難しさがありますが、ニュースでよく耳にする問題であるからこそ生徒にも考えてもらいたい、そのためには歴史の流れを事実に基づいて伝えること、まず関心をもち、自分たちで調べて問題意識をもち、自分たちなりの意見をもてるようにすることが大切である、と話し合いました。共同研究者からは、今日の報告に生徒の感想や同僚の反応を加えるとより良いのではと、コメントがありました。

・鈴木レポート

知的障害特別支援学校の高等部の広汎性発達障害のM君を2年間担任し、悩みなどを率直にまとめたレポートでした。気持ちの不安定さやフラッシュバックなどの本人の抱えるしんどさ、自分よりも重度の友だちに対する執拗な関わりなど、コミュニケーション面での課題を前に、本人が安心して自分を出せる担任との関係づくりをめざし、「心とからだの学習」や「国語」の実践などで自分に向き合う機会をもてるよう考えられた実践報告でした。

参加者からは「愛着の問題を感じる」「本人の話をジャッジせずに聞くことが大切である」といった意見がありました。共同研究者からは仲間の中で自分の居場所を感じられるようにしたいこと、実習に行った会社は合わないかもしれないが、あこがれの気持ちは大切にしていきたいなどと、コメントがありました。

・中島レポート

知的障害特別支援学校の高等部で、なかなか学校での取り組みに積極的になれないひかるさんの姿から、自己実現をめざした教育課程づくりや学校づくりについてまとめたレポートでした。

まず、学校の中で教育課程の論議がきちんとされ、子どもの実態に応じた教育課程が研究されていることの紹介がありました。またさまざまな授業や取り組みで「やらん」と伏せてしまうひかるさんについて、国語の詩の実践やクラスレクの取り組みなどを紹介した上で、どういう自己実現ができるのか参加者に投げかけがありました。

参加者からはさまざまな集団づくりやレクリエーションのアイデアが出されました。学年別の集団編成が多い中で、滋賀と京都などで行われている発達段階別集団編成についても、その意義などが論議されました。またどちらの集団編成にしろ、まず報告者のように、教育課程の自主編成が生きていることへの賞賛の声がありました。

・全体討議

レポート報告と質疑を終え、全体討議をしました。「障害理解について」や「『保育士になりたい』夢をもつ生徒への支援について」などが話題になりました。障害理解については、障害理解が自分否定ではなく自己肯定感を育むことにつながる必要があることや、障害理解はできなさを刻印するものではなく、自分の願いや要求を妨げるものは何かを考え、願いや要求との関係で捉える必要があることなどが話されました。共同研究者からは、夢や憧れを大切にした進路指導として、現実と自分の夢との間で、自分の気持ちの折り合いをつけることが大切で、夢が直接かなわなくても、夢が生きるエネルギーになっている事例が話されました。

◎まとめ

昨年から継続するテーマである「生徒が“青春している”と実感できるような高等部教育（後期中等教育）の保障のために、何を大切にすべきかを再確認し、深めることができた分科会でした。

参加した教員の感想には、「あらためて高等部教育で大切にしたいことを考える良い機会になりました。欲ばらずに、まず学年集団で実践して行くことと、学部や学校全体を考えていくことの必要性を感じました」「レポートもですし、いろいろな発言から学ぶことが多くありました。教員という仕事に、つらいこと、続ける自信をなくすことも多くありますが、私自身も夢、あこがれをもつこと、そしてそんな現場でありたいと思いました」「高等部教育に青春を取り戻すために、何を大切にすべきか再確認できました。さまざまな地域の実践に触れ、大変さは同じであることがわかり、子どものためにがんばろうという気持ちをもらえました」とありました。

参加した学生からは「初めて参加して、将来につなげられたらいいなと思いました。さまざまな先生の話を聞いて、現状や課題についても知ることができました。学校などの現場で、大切にしなければいけないことなどを知って、改めて学び続けていくことは大切なのだと思いました」と感想が寄せられました。

次回の分科会も、複数のレポートをもとに、各地の実践を交流し、青春を輝かす後期中等教育の実践や制度について深めたいものです。できれば、開催地からの参加者とレポートも望みたいところです。

（文責　船橋秀彦）

13　寄宿舎教育

共同研究者　山﨑由可里（和歌山）
司会者　能勢ゆかり（滋賀）西村京子（京都）
参加者　13名（寄宿舎指導員、大学教員、学生など）

レポート
「伊那養寄宿舎　相談支援はじめました」
長野　竹村操一郎・小坂令子

◎はじめに

参加者数が二桁に届かないこともある当分科会ですが、今回は、開催地長野のみなさんの努力で、長野、東京、山梨、大阪、京都、和歌山、滋賀と多彩なメンバー13人で論議を深めることができました。

全国各地に設置されている寄宿舎ですが、設置された背景や実際の運用は各都道府県（場合によっては学校単位）で異なり、どんな子どもがどんな理由で寄宿舎を利用し、どんな生活を送っているのかは寄宿舎ごとに大きく異なります。したがって、実践報告もそれぞれの寄宿舎ならでは報告が多くなります。

条件の違う寄宿舎の指導員にとっては「えーっ！そんなことがあるの？」といった驚きをもって受け止められることも多いのですが、少しずつひもときながら論議を進めていくと、やがて共通項が見えてきて、さらに論議を深めることで、今後の寄宿舎のあり方が見えてくることもあります。今回の報告も今後の寄宿舎のあり方を考える上で示唆の多い内容でした。

◎レポートの概要

・寄宿舎の存在意義と相談支援

伊那養護学校では、以前から総合連携支援室と保健室、寄宿舎の３ヵ所に「相談窓口」が設置されていましたが、具体的な体制が整っておらず、実際は機能していませんでした。しかし、数年前から寄宿舎指導員の中で相談支援を本格的に取り組む必要性が出されてきました。その裏には、生活に関するニーズがたくさんあり、入舎を必要とする児童生徒が多数いるにもかかわらず、学校全体として生活をとらえる視点が弱まり、それが寄宿舎生数にも現れているのではないかという危機感もあったようです。寄宿舎の存在意義を学校全体にアピールする必要性もあって、３年前から生活に関する相談に対して具体的に支援できる体制がつくられました。

・具体的な方法

年度初めに学部教員向けに説明会を開き、相談支援を行っていることを説明し、次に、保護者向けに相談支援についてのプリントを配布します。

学級担任が保護者から相談を受けてからの流れは次の通りです。①担任→②寄宿舎の生活支援コーディネーター（１人）→③サブコーディネーター（３人）→③部会で具体的な支援方法を検討→④実際の支援→⑤報告書の作成→⑥学級担任へ（③の具体的な支援方法としては「相談」「生活支援（寄宿舎生活を実際に経験する）」「体験入舎（次年度入舎を考えている児童生徒を対象に１泊入舎）」の３つがある）。

・主な相談内容と2018年度の延べ相談件数

小学部：排泄や身辺面に関する相談、将来の入舎に向けての相談（３件）

中学部：寄宿舎を利用するにあたっての心配（10件）

高等部：卒業後の生活に関する相談。福祉関係者から相談が来たこともあった（１件）。

・今後の課題として

今まで寄宿舎の実践は、実際に入舎している児童生徒とその保護者を対象と考えていましたが、相談支援の取り組みを通して、全校の児童生徒とその保護者が視野に入るようになってきました。反面、具体的な支援の中では、個々の職員の経験でしか対応できていないことも多く、もっとカウンセリング力などのスキルを高めることや寄宿舎の実践そのものを深めていくことも重要な課題だということを実感しています。

◎論議とまとめ――寄宿舎の専門性と今後のあり方

・学部と寄宿舎との関係

松本養護(長野)では10年くらい前から相談支援に取り組んでいて、伊那養護もそれを参考にしています。松本養護の相談支援は学校の取り組みとして定着し、児童生徒の生活の課題を日常的に学部と寄宿舎が共有しています。学部と寄宿舎が対等な関係の中で役割分担できていると思います。このように長野県内は、比較的学部と寄宿舎の関係が対等であり、良好な学校が多いようです。

しかし、全国的な傾向としては、学部と寄宿舎の関係がなかなか対等になっていないことが多く、その背景には、近年、寄宿舎を通学保障の場としてのみ狭く限定的にとらえようとする動きや、キャリア教育に重点を置いた学校教育の推進などがあります。ある学校では、テスト期間中に学級担任が学習の計画表をつくり、寄宿舎に持ち帰らせ、計画通りに学習していたかどうかを寄宿舎の担任に確認し、計画通りにできていないときは、寄宿舎の担任も叱られるといったこともあるようです。このように寄宿舎を学部教育の補助的な機関として位置づけるようなところもあります。

・相談支援活動と寄宿舎の専門性

相談支援活動を通して、「生活の課題」を「学校教育の課題」としてとらえていくことは寄宿舎の存在意義を考える上でも重要です。報告者からは、相談支援をしているとき、表面的に現れている困りごとへの対応になってしまって、本当の願いにたどり着いているのか不安に思うという発言もありました。生活面での課題は、子どもの課題という面だけではないので、家や親だからこそ難しいことも多くあります。その場合は、カウンセリングだけでなく、実際に子どもが一定の期間寄宿舎での生活を経験することも大切になってきます。

もう何年も前の話になりますが、滋賀の寄宿舎で、教育入舎として、なかなかオムツを外せない子を、学級担任の希望で短期間で受け入れたことがあります。排泄の自立についてお母さんはとっくに諦めていて「一生オムツでもいい」とまで話していました。寄宿舎に入舎後1週間ほどで、トイレを使えるようになったのですが、家ではあいかわらずオムツのまま。お母さんに伝えても「うそばっかり！」となかなか信じてはもらえませんでした。1ヵ月ほど過ぎ、確実にトイレを使えるようになった頃、もう一度お母さんに「1日だけでいいので、オムツをせずに過ごしてほしい」とお願いしたところ、その子は、お母さんの腕を持ってトイレに連れて行き、お母さんの見ている前でオシッコをしました。その姿に感動したお母さんは、オムツを外すことになかなか前向きになれなかったことについて、経済的にも精神的にも厳しい生活を強いられ、もうこれ以上悩みを抱えたくなかったという思いを語ってくれました。

このように相談支援活動は、保護者のねがいを見つけ出し、生活面でのアプローチを通して、わが子の育ちへの確信と希望をつくりだしていくことであり、それは寄宿舎の専門性にもかかわる重要なことでもあります。

学校の窓口の一つとして相談支援があり、その具体的な役割を寄宿舎が担うことで、学校教育に生活の視点が根づき、学部と寄宿舎の良好な関係もつくりだしているのだと思います。そしてそれは、子ども、保護者にとっても、安心して通える学校につながっていくと思います。このような取り組みが全国各地に広がっていけば、個別のニーズにしっかり応える学校づくりの実質化が進められていくと思います。

（文責　能勢ゆかり）

14　放課後保障と地域での生活

共同研究者　佐々木将芳（愛知）黒田　学（京都）
司会者　益本裕美（埼玉）田中祐子（東京）
鈴村敏規（大阪）
参加者　37名（放課後等デイサービス職員など）

レポート
「Ｓちゃんとわんぱくクラブ」　東京　小池桃子
「ユウマ、エイサーマツリ　ヤリタイ!!」
愛知　阿部綾子
「Ｓくんの姿から仲間の中で育つことの意味を考える」　愛知　鵜野順平
「集団の中で発達する子どもたち」
三重　中嶋麻衣

◎はじめに

運営者から2018年度に実施された放課後等デイサービス（以下、「放デイ」と略す）報酬改定の問題について提起がありました。2019年１月に全国放課後連は35都道府県360事業所の協力を得てアンケート調査を実施しました。障害が重いと指標判定された子どもが半数以上いるかどうかで事業所の収入が決まり、判定を実施する市町村が条件を厳しく制約する方向で指導しているために、８割近い事業所が収入減の実態で、多くが人件費削減で対応していると回答がありました。

次期（2021年度）報酬改定に向け、運動の視点として、①放課後活動にふさわしい実践を創造し社会に発信する、子どもや実践について十分に話し合える時間と職員集団を確保する、②制度改善の声を大きく広げる、全国放課後連として国への「要請署名」に取り組む、が提案されました。

◎小池レポート

Ｓちゃんは現在中学３年生で４年前からわんぱくクラブに通っています。集団行動が苦手でかんしゃくを起こすことが多々ありましたが、２年前にワッペンづくりが好きになり、それをきっかけに気持ちが落ち着きました。ところが中学２年の５月くらいから再びかんしゃくが現れ失禁も出て、家庭や学校と連携を密にとるようにしました。学年が上がり後輩もできたのでプレッシャーを感じていたのではないかと考え、Ｓちゃんが混乱しないよう関わり方を共有して気持ちに寄り添った支援を心がけたところ、現在はかなり情緒が安定してきました。参加者から「学校との関わりはどのようにしているか」と質問があり、小池さんは「公開授業など、機会があれば必ず参加するようにしていて、担任のみならず学年主任とも良好な関係が築けている」と話していました。

◎阿部レポート

デイサービスちよだの「月曜日グループ」には、10人の小学生（通常学級３人・特別支援学級７人）がいます。小学６年生のゆうま君は特別支援学級に通っています。これまで「ドッジボール」「おにごっこ」など、通常学級に通う子の意見ばかりを聞き入れてしまい、その遊びに特別支援学級の子どもたちをどう誘うかという関わりになっていて、ゆうま君は活動にほとんど参加できていませんでした。そこで、ゆうま君が好きなエイサー踊りを取り入れた「まつり」を提案したところ、積極的に関わるようになりました。チラシやチケットを作ると、保護者だけでなく職員室に「ミニキテクダサイ」と配り、エイサー以外の苦手な取り組み（おやつづくりなど）にもすすんで参加しました。当日は20人の観客で堂々と楽しそうに踊ることができました。やりたい思いを形にし、みんなと一緒にやれた喜びや達成感を感じることで大きく変わっていく、自信をつけていくのだとゆうま君を通して学ぶことができました。

◎鵜野レポート

Ｓくん（小学５年・自閉症）は小学１年生から

週1回放デイに通っています。当初は自分勝手が目立ちましたが、４年生夏休みのキャンプで友だちと一緒にさまざまな経験をしたことが大きな自信になりました。以降は外出企画でスタッフに直筆で「こうしてほしい」という手紙を出したり、６年生とのお別れプログラムでは自分の言葉で気持ちを発表したりと、「仲間の存在」が心の育ちと情緒の安定につながってきたという報告です。

参加者から、「子どもどうしの関わりで支援者が気をつけていることは何か」と質問があり、鵜野さんは「子どもが相手に何を伝えているのか、それがきちんと伝わっているのかを交通整理するのが支援者の役割だと思う。学校では制限されることも放デイではやれることがある。子どもどうしで決めたことを大人はできる限り尊重してサポートするのが大事」と話していました。

「キャンプの際の職員の報酬・勤務体制はどうなるのか」との質問に、参加者どうしで議論になりました。「現在の日割制度のもとでは宿泊はやりにくい。子どもの成長にとってはぜひ実施すべきだと思うのだが」「キャンプをした場合、職員に代休を与えるべきなのだが、体制に余裕がない」「学校なら宿泊学習は認められているのに、放デイではなぜ認められないのか」など、課題が浮き彫りになりました。

◎中嶋レポート

地域の小学校に通う１・２年生男児５名のAグループは週１回の活動です。日々の活動の中で、互いの思いや意見がぶつかり合ったとき、どう折り合いをつけるか、スタッフはどう関わればよいのか、試行錯誤しているようすが報告されました。放デイの活動に教科書はありませんが、それが強みでもあります。子どもの発した言葉をすぐに活動に結びつけて展開した一例として、大きなダンボールを調達して丸型にくり抜き、「人間もぐらたたきゲーム」をしたところ、とても喜んで遊べた事例を、写真つきで紹介していました。

参加者の一人が「私は今、産(育)休で長らく離れているが改めて『現場って楽しいなぁ』と感じた」と話していました。

◎まとめ

４本のレポート報告を受け、共同研究者の佐々木さんは、「現在、放課後には習いごとも含めさまざまなサービスがありライフスタイルも多様化しています。しかし子ども・家族の願いを受け止めるところはどこかと考えると、放デイは最長12年間子どもの発達を見られるという強みがあります。長いスパンでのかかわりでの子どもの変化をレポートにして発表することは、職員の成長・自信にもつながります。事実を集め、その背景も含めてトータルで見ていくことが重要であると考えます」と、まとめました。

共同研究者の黒田さんからは、「各報告は、放課後の活動（とりわけ集団の取り組み）を通じて『子どもの内面を理解し人格を育てること』が実践の核になっていました。『○○ができる』『○○できるようになる』ことだけが活動の目標になっていたり、個人の能力の成長・発達を『売り物』にする放デイが見受けられます。しかし、放課後の実践は、できることを増やしながら達成感や自信、自己肯定感を仲間とともに育み、内面の成長、人格的発達を保障するところに意味をもちます。どのような障害であっても、障害特性だけにとらわれず、子どもたちの発達の筋道は共通するという発達論の基本に立つことが大切です。その上で、子どもたちの内面を理解し、子どもたちの『○○したい』という思いを核にして指導するところに、専門性が問われます。以上の点から、現状の放課後等デイサービスは制度的な限界があり（指標判定による報酬問題、日割り計算、10：2の指導員配置など）、制度改善が必至だと考えます」と、まとめました。　（文責　鈴村敏規）

15　教科指導と授業づくり

共同研究者　品川文雄（埼玉）北川祐子（埼玉）
射場　隆（京都）
司会者　山本歩美（京都）
参加者　20名（特別支援学校・学級教員、学生他）

レポート
「中学部1年生の学年音楽の取り組み」
長野　竹松恵里
「『生活』の授業って　こんなに自由で　こんなにおもしろい」　滋賀　長友志航

◎はじめに

本分科会はこれまでの「国語とことばの発達」「算数・数学」「理科・社会・生活・総合」の分科会を「教科指導と授業づくり」として昨年度より１つにまとめました。障害のある子どもにことばの力や数の力、自然認識や科学認識を育てる、わくわくドキドキの授業づくりを教科の実践レポートをもとに交流し、論議を深めました。

◎レポート報告と討議

・長友レポート

小学部の「生活」で、子どもと一緒につくりあげた「春の色探し」「色水づくり」の実践報告でした。「次は○○したい」という子ども自身からの“学びたい”で授業が展開されていく過程が丁寧に報告されました。生活スキルの向上や経験だけで終わらせず、授業の中で予想と結果を考えさせるなど“教科のもととなる力”を育てたい、というレポーターの思いも伝わるものでした。子どもたちの“つぶやき”を拾い集めた授業ごとのポスターも圧巻でした。

討論では「自分の発言がポスターとして残っていく、こういった視覚支援はすごい」「自分たちで見つけて作る経験を通して、身のまわりのものを見る目も変わっていくのでは」などの感想が出されました。また「授業者のポスターづくりは大変でも楽しかったのだろう。子どもたちもその楽しさを感じることができるよう、一緒に新聞を作ってみるのもよい」「虫眼鏡で観察したり種を採ったり、花そのものにもっと注目してもおもしろい」などの意見も出ました。

共同研究者の北川さんは「“生活を豊かにする”を基盤として耕した実践。子どもが発見したことや感動したことがポスターにまとめられているが、これはまさに口頭詩だ。発見したら先生に伝えたい、というのは“生活綴り方”に通じるものだ」と、品川さんは「ポスターではいろいろな子どもの気づきを評価している。子どもたちの、自分も表現したい、語りたいという意欲を育て、“みんなすてきな人なんだ”という集団づくりにもつながっている」とコメントしました。

・竹松レポート

児童生徒数増加により音楽室が普通教室に転用され、音楽の授業がない状況の中、音楽に親しんでほしいとの願いで始めた実践の報告でした。私物の電子ピアノを教室に持ち込み、隙間時間を見つけて取り組んでいるという話には参加者からも驚きの声があがりました。発語のない子どもからよく歌う子どもまで発達の幅も大きい集団の中で、歌いたい気持ちを引き出すために生徒の好きな曲をリストにしてリクエスト方式で歌う取り組みが報告されました。また、分科会会場にピアノがあったので、先端にコルク栓を付けた竹箸（指揮棒、スティック、マイクなどになる）を持ちながら参加者全員で歌って盛り上がりました。

討論では、発語のない子どもにとっての音楽をどう保障していくか、楽器にどう取り組むか、意見が出されました。「いろいろな曲に手話をつけている」という話や、発声しやすい破裂音の「パピプペポ」、歌詞に合わせてジャバラを動かす「運命の家族」、踊る部分と叩く部分がはっきりしている「あまちゃんのテーマ曲」、鳴き声で活動をアレンジできる「こぶたぬきつねこ」など具体的な曲の交流もできました。

共同研究者の品川さんは「教室不足問題は深刻。特別教室の転用は普通校なら許されないことだ。設置基準を求める運動は学習権を守る上でも大切である」と障害児教育を取り巻く問題について指摘しました。北川さんは「子どもにも得意・苦手がある。本当は憧れていても今はやってないということもある。いくら良い曲でも押しつけで教えると、身体が解放された良い声が出ない。子どものねがいに合わせて、イメージがふくらみ、その世界が豊かになる教材を選んでほしい」と話しました。

◎参加者の報告（理科の実践）

障害児教育において抜け落ちがちな「理科」について、２人から当日の発言による報告がありました。

吉村さん（群馬）は、子どもが「やったぞ」と実感できる実験を報告しました。たとえば氷を手や頭で溶かしたり、金属をガスバーナーで熱したりすることで、自分の力で物を変化させることができる固体・気体・液体の実験、ビニール袋に水を入れて高い所から落として重力の力のすごさを感じられる実験、ペットボトルロケットを使った空気の実験といった、実際に取り組んだ実験です。また、見えないけれども作用している力をどうすれば目に見える形にできるかを考える教材研究の大事さも合わせて語られました。

射場さん（京都）からは、人の目と同じぐらいの大きさである豚の目の解剖や、つるがすごく伸びて作物の育成のおもしろさがわかりやすいかぼちゃの栽培、バケツでの稲つくりなど、ユニークな実践が紹介されました。結論ありきではなく子どもと一緒に経過を楽しみながらやることの大切さも話され、知的障害の特別支援学校でも「理科」の授業はできるという事実に参加者も励まされました。

◎おわりに（全体討議、まとめにかえて）

全体討議では参加者から感想や実践上の悩み、教科学習への思いなどがたくさん出されました。中学部で繰り上がりにつまずく生徒にどう教えたらいいかという悩みには「数が本当にわかるのは発達年齢が5歳から。タイルが数えられても数量としてとらえられていないなら、繰り上がりは課題ではないのでは」といった意見が出され、子どもの実態に合わせて段階的、系統的に進めていくことの重要性を確認しました。また、国語の授業での題材（絵本）選びに関する悩みには「まずはいろいろ読んでみては。発達に合わせたものや教師自身が好きな絵本などを読み、その時の子どものようすから授業に取り入れてみたらどうか」との答えがありました。

全体まとめで共同研究者の北川さんは「発達だけでなく、その子が背負ってきた悲しみやつらさを丸ごととらえ、その子がこれから生きていくための教材を選んでいってほしい。人格の発達を目指す教科指導を今後も追究していこう」、射場さんは、物の値段を調べたり当てたりする数学の授業に触れながら「子どもに対して、この子は絶対にわからないだろうと決めつけるのはよくない。今までずっとわからないできている子どもでも、だんだんわかってくることもある」、品川さんは「１年に１回でも子どもの心に残る授業をすることが大切。すばらしいレポートにも書かれていない部分には失敗もある。授業を振り返り、みんなに評価されることで授業に磨きがかかる。ぜひ分科会にレポートを持ち寄ってほしい」とまとめました。

（文責　山本歩美）

分科会報告

16　交流・共同教育、障害理解学習

共同研究者　池田江美子（埼玉）大島悦子（大阪）
司会者　柴田昭二（大阪）与倉麻美（島根）
参加者　13名（特別支援学級・学校・通常学級の教員、支援員など）

レポート
「障害理解授業『つくし学級のことを知ろう』に挑戦して」　埼玉　大門彩名
「『障害』ってなに？」　奈良　池田　翼
「寝屋川市の交流・共同学習について」　大阪　岩下由佳

◎はじめに

今回の特徴として、20代、30代の若い教員の参加が多かったこと、しかも参加者の多くがこの分科会のリピーターであったことがあげられます。今年も、「おはようのうた」を歌うことから始めました。一緒に声を合わせる中で、初参加のみなさんとの距離も縮まりました。

分科会基調では、これまでの分科会のあゆみや討論の中で蓄積してきた内容に加え、「障害のある人が、障害のない人たちの中に入ることでインクルーシブな社会がつくられる」という短絡的な主張や傾向に対して、本当にそうなのか、真のインクルーシブとは何かを検証する視点をもつことが提起されました。

◎柱１　学びあい育ちあう交流・共同教育の実践をどのようにすすめるか

交流は実施している。しかし、その内容は学年行事への参加であったり、体育や音楽などの教科に個別に参加する「個人交流」であったりすることが、全国各地の主流となっています。

そのような中、奈良からは、学級集団を単位とした交流の実践が語られました。小学校４年生との取り組みです。通常学級から３名、支援学級から３名の実行委員会を設け、昼休みに話し合いをもち、お互いの要求を出し合いながら「交流会で何をしたいか」を決めていった過程が紹介されました。１回目は、室内遊び、２回目は、外遊びでというように、目的に合わせて内容をつくり変えていったようすが語られました。「～をしてあげる・してもらう」関係ではなく、お互いを尊重し合う取り組みをつくりだそうという意図をもった交流が行われていました。

◎柱２　通常学級の子どもたちに障害・障害者問題への正しい理解を育てる学習をどのように進めるか

大門さんからは、これまで校内で行われてきた４年生への障害理解学習を引き継いで、自身としては初めて取り組んだ実践が報告されました。４年生の福祉学習の一つとして位置づけられ、受け継がれてきた指導案を参考にしながら４年生の担任と授業のねらいや流れについて話し合って実施しました。授業を展開する中で「『発達』についてどのように子どもたちに伝えていくか」「子どもたちから『障害』という言葉が出たら、どう答えればよいか」と悩んだことや「教師の考えを押し付けることになってしまったのではないか」と感じたことなどが率直に語られました。

池田さんからは、年３回実施した４年生への障害理解学習が報告されました。「発達」や「障害」についての科学的な認識を育てていくきっかけをつくることをねらった授業でありましたが、それだけではなく、１回目の交流会では大泣きをしてしまったRu君について、どうして泣いてしまったのかを考え合ったり、２回目の交流会で見せたRu君の変化をみんなで共有しあったりしました。理解学習を通して「触れ合い・知り合う交流」から「認め合う交流」へと質的な変容を生み出したことも語られました。

岩下さんからは、まず、寝屋川市独自の障害児教育がつくられてきた歴史と今日に至るまでのさまざまな取り組みが紹介されました。その上で、それらの歴史と取り組みとは切り離せない形で実施されてきた交流・共同学習のようすが報告されました。中でも、障害のある子をもつ保護者によって結成された「キャラバン隊」の活動は特徴的です。「キャラバン隊」が各校に赴き、障害理解学習、発達についての学習、支援学級・支援学校の子どもたちの紹介等を通常学級の４年生、５年生を対象に実施されていることが語られました。

討論では、「発達の階段」の図について、45分の授業の内容とその量について、１学年への実施にとどまらず複数学年での実施を検討すること、そのためには職員間の話し合いや保護者への働きかけが必要なことなど具体的な案やアドバイスが数多く出されました。また、「発達と障害」のとらえ方について活発な意見交換がされました。聞き手の子どもたちが我がことに引き寄せて、自身の発達の姿と重ね合わせて学ぶ大切さ、通常学級に在籍する配慮を要する子どもたちをも励ます内容を創り出すことなど、実践の方向性を確認することができました。「私のつぶやきや、チョットした疑問にも一緒に考えてもらえて良かった」との声が聞かれる討論が展開されました。

共同研究者からは、つぎのように語られました。

３本の報告はいずれも、先輩たちの取り組みを引き継いで実践が行われています。しかし、受け継いだ教材・教具が優れたものであっても、その出典はどこなのかを探し、学び直すことが大切です。授業者自身の思考をくぐらせることによって、授業により確信をもって臨めるようになります。教えたいこと、伝えたいことはたくさんある。その内容を子どもたちが発見する・話し合う中で気づいていく授業はつくれないだろうか。そうしたプロセスを経て、クラスメイトの間でも「認め合う」ことの大切さに気づき、さらに場を共有しない人、立場の異なる人へも想像と思いが届けられる力を育んでいくのではないか。年に１回の理解授業だけでは子どもは変わらない。学習する子どもたちの学年や発達段階をふまえた指導計画をつくりあげることが必要です。

また、日々の支援学級での授業、通常学級の中での授業、それぞれの内容と質が問われてくるという指摘もなされました。

◎柱３　障害児自身の自分理解、障害理解の学習をどのように進めるか

「障害者自身の自分理解、障害理解の学習」とは、障害だけを取り出して教えたり、できなさだけに焦点をあてて取り組んだりするものではありません。生まれた時からどのように成長してきたのか、かけがえのない命を有している存在なのかを認識する取り組みです。指導するにあたっては、この取り組みを通して主権者として生きる力につなげていく観点が不可欠です。こうした学習が、「真のインクルーシブな社会」を形成していく上で重要であることを参加者と確認し合いました。

ぜひ、実践を持ち寄り、さらに論議を深めていきましょう。

◎おわりに

「今の時代にあった新しい交流や共同教育、障害理解学習を模索し、つくりあげていきたい」。力強い発言が聞かれた分科会となりました。

発足から47回目となる本分科会のこれまでの討論の蓄積と実践の到達点を次世代につなげていくにふさわしい論議ができたように思われます。

2021年、静岡で開かれる大会でも、ぜひこの分科会につどい、実践を持ち寄り、語り合い、論議を深めていきましょう。

（文責　池田江美子・大島悦子）

分科会報告

17　18歳以降の教育

共同研究者　丸山啓史（京都）小畑耕作（和歌山）
司会者　河南　勝（兵庫）
参加者　18名（保護者、教員、福祉事業所職員、学生）

レポート
「もじもじからハキハキへ」　茨城　萩原君江
「ゆっくりたっぷり学んで」　愛知　寺部佳代子
「チャレンジ企画」　広島　小西寛之

◎はじめに

共同研究者の小畑さんより分科会基調を報告しました。前回大会の後に出た文科省「生涯学習」政策について有識者会議のまとめ（2019.3）と通知「生涯学習の推進方策について」（2019.7）の解説がありました。その中で、学校卒業後の組織的な継続教育の検討として、①障害福祉サービス等における学びの実態把握・分析と②大学等における学びの場づくりに関する実践的研究を政策化していると説明がありました。こういう情勢の中、高等部教育は相変わらず職業訓練校化している実態があり、進み始めた学びの場づくりにふさわしく「もっと学びたいと思えるような高等部教育」が求められているという指摘がありました。

◎寺部レポートから

娘さんを聖母の家学園専攻科に入学させたお母さんの報告でした。当初、専攻科の魅力を伝え学校見学にも連れて行くなど強力に勧める母親の思いとは違って福祉就労を考えていた娘さんでした。しかし、高２の冬、友だち４人と外出した際に定期券を落とし、友だちの助けを借りて無事に帰ってきたという失敗体験を機に「もっとわかるようになりたい」と気持ちが動きました。専攻科に入学してからは、高校時代には拒絶していた生徒会役員にも立候補する、髪色を明るくし青春を謳歌するなど、成長する姿が見られました。寮生活への不安や寂しさがありながらも、学ぶ楽しさが勝って、自信をつけていったという報告でした。学びの場づくりが進んできている今日、何より本人と保護者のねがいが強い力になります。報告のように、ゆっくりたっぷり学ぶ余裕がどの子にも保障されてほしいと感じる内容でした。

◎萩原レポートから

シャンティつくば２年目のＮさんの内面の変化をとらえた報告でした。高次脳機能障害からくる短期記憶の弱さや神経過敏がある人ですが、シャンティでの学びを通じ大きな変化を見せました。シャンティではプレッシャーを与えない、友だちとの関わりを大事にして一緒に取り組ませる、障害からくるマイナス面を気にしないように関わる、などを大事にした実践を重ねていきます。Ｎさんからもじもじしている姿が消え、ハキハキと研究発表会や卒業式の司会をする様子がビデオ紹介されました。さらに人の役に立ちたい、人の面倒をみたいという心の育ちが見られたという報告です。討議の中で、Ｎさんの内面の変化をもたらしたのは安心できる場、素の自分を出せる場、失敗しても許される仲間がいるからだという意見が出ました。また卒後の教育年限の延長の課題や福祉事業の併用についても意見交換がされました。

◎小西レポートから

「まなびキャンパスひろしま」では、当初から学生が主体的に活動する取り組みとして全学年合同授業「社会見学」の活動をしてきました。しかし、調べたり話し合う時間が足りない、スタッフが誘導することがほとんどで、主体的な活動になっていないと反省点が出され、今年度から「チャレンジ企画」と名称変更し、少数グループにして一人一人が自覚をもてるように改善しました。「急がない。急がせない」をモットーに学生の話し合いと準備を大切にした実践の報告でした。6回にわたる話し合いを重ねる中、班長が話し合いをまとめられなくなったり、停滞したり、活動の中で失敗があったりしますが、ふりかえりで生き生きとしたいい顔をしていることにスタッフも成功したと確信します。学生にとっては、友だちと話し合い自分たちで決めるという主体的な活動の意義、スタッフにとっては、口を出さず「あきるほど待つ」実践としての意義を実感する報告でした。専攻科実践における、放ったらかしでない「見守り支援」の難しさとスタッフ間の連携の大切さも学ぶことができました。

◎討　論

・「神戸大学・学び楽しみ発見プログラム～知的障害青年のための大学教育の創造～」の取り組みの紹介を河南からしました。

文科省の生涯学習推進政策の委託事業として準備されていますが、大学における新しい試みとして注目されます。神戸大学の教育資源（設備・人）を活用し、週3日夕方からの授業を中心に構成されます。「よりよく生きるための科学と文化」がテーマで、大学の教員たちの専門性を活かしたわかりやすい授業をモットーに実践される予定です。また、学生たちの自主的な活動も用意されています。文科省の進める「生涯学習」政策も豊かな実践があって具体化されるわけですので、大事な取り組みになるでしょう。

・討論の内容では、5点取り上げて報告します。

①「専攻科の事業ではプログラムの柱になるものがあるのか」という質問を受けて、各事業所が大事にしている活動、中心にしている柱を報告し合いました。それぞれの特徴はありますが、主体的に学ぶ実践としては「テーマ研究」（名称は事業所によって違う）、「調理実習」「外出活動」などがあげられました。話し合い活動や「将来の生活」「こころと体の学習」（性教育）の取り組み、創作活動や文化・スポーツ活動もあげられました。

②青年の変化を「楽しいエピソードや青年らしい笑える話を出し合おう」という提起を受けて、生き生きとした実践や青年の姿が出されました。暗いところが大の苦手な青年が映画鑑賞の取り組みで「貞子が見たい」というので、何度も「こわい映画だよ。大丈夫？」と確認して行ったら、案の定入口で座り込んでいて、一緒に10分ほど入っただけで出てしまった。けれども、その後「僕は貞子を見た」と自慢げにまわりに言う姿がおかしかった話など、青年らしさを感じるエピソードで分科会も笑いがあふれました。

③「こころと体の学習」（性教育）にかかわる話題も出ました。「結婚したい」という願いはあるが想像がつかない青年たちに性教育をしないではすまされないという意見や、女子が男子をあごで使う場面がみられるとか、恋愛問題がトラブルの原因になることが多いこと、ラインで行き違いが起こりやすい実態などが出されました。一つ一つていねいに聞き取り自分たちで解決するようにもっていくことが、彼らにとって人間関係を学ぶ大切な機会になっているという意見が出ました。

④障害の重い青年たちにとっての専攻科づくりも話題になりました。大阪の生活介護事業を活用した専攻科では、卒業生が作業所で「仕事への構えがちがう」と評価されている、実践でもファッションショーの取り組みで「誇らしげな自分」を意識している姿がみられるなど、障害の重い青年にとっても専攻科の必要性が強調されました。

⑤保護者の意見を受けて子どもの自立と親の子離れの話題も出ました。小さい頃から親が決めてしまうのでなく「お母さんはこう思うけど、最後は自分で決めたらいいよ」という姿勢、失敗も含めて「子ども同士でやらせる」こと、親も「自分ってどんなお母さんだろう」と外から見た関係性を知ることも大事だと話されました。

◎今後の課題

文科省の進める生涯学習政策を上からの押し付けにさせない実践、運動が求められています。そのためには、学校型、福祉型の専攻科、大学での取り組み、地域での生涯にわたる学びなど学校卒業後の多様な学びの場がつくられ、実践が大いに展開される必要があります。また、高等部での専攻科に対する理解や職業教育一辺倒でなく「もっと学びたい」と思える実践が分科会にも反映することが求められています。　（文責　河南　勝）

18　青年学級、文化活動、余暇活動

共同研究者　高橋正教（愛知）南　寿樹（愛知）
司会者　松田美和（愛知）
参加者　19名（施設職員、保護者、教員、学生など）

レポート
「余暇を楽しむ」　茨城　磯　京子
「気のおけない仲間と過ごす、自分らしい時間」　東京　岩橋信之
「仕事もいいけど、絵も描きたい！」　愛知　井上麻衣子
「武ちゃん、僕がそばにいるから大丈夫だよ」　愛知　南　寿樹

◎はじめに

まず初めにそれぞれがどんな思いでこの分科会に参加したのかを自己紹介で話してもらいました。語られた悩みの多くは、人手不足の問題や、余暇活動に対する行政的な支援の不足、自己資金等で活動をしている現状と運営の困難でした。

それを受け、分科会が積み上げてきたものを共同研究者の南さんより分科会基調として報告しました。この分科会では、障害のある青年にとって家庭や学校・職場ではない「第３の場（社会的な居場所）」が必要で、生涯にわたる文化・スポーツなどの生きがいづくりが「豊かに生きる力」となると訴えてきました。一昨年より、国も障害のある人への生涯学習支援、文化芸術活動の支援、パラリンピックに向けたスポーツ振興について動きをつくりだしてきている情勢が報告されました。

◎気のおけない仲間と過ごす、自分らしい時間
・岩橋レポート

世田谷区では地域生活支援事業の一環として日中ショートステイ事業を行っており、岩橋さんが勤める「ひかり」ではその事業を活用し、作業所などに通った後の夕方の時間（15時～18時半（夕食づくりがある際は19時まで）登録している全56名が月～金の５グループに分かれ活動してます。その活動の中でのＡさん（31歳男性）の姿から、自己表現が「主張する」だけでなく、個性豊かな仲間たちの中で潤滑油のように存在していること。気のおけない仲間と一緒に何かをすることは穏やかな居心地の良さがあり、楽しいと思えるＡさんらしい過ごし方の時間で、とても大切であることが報告されました。

◎福祉専攻科実践の中での余暇活動づくり
・磯レポート

福祉型専攻科シャンティつくばでの余暇活動の取り組みについて発表しました。昼休みや休憩時間などの楽しみとして「自らやりたいことをできるようになる、楽しく過ごす」ことをねらいとしてさまざまなことに取り組まれました。ジェンガ、うんちカルタ、縄跳び、自転車に乗れるように練習するなど。

当初、仲間たちにやりたいことを聞いてもどうしたらいいのかよくわからず、これがしたいということが出てこなかったそうです。そこで職員からの提案で、仲間たちが自己決定し、実際に楽しむ経験を積んでいくことで、例えば「今日はジェンガをしよう！」と仲間たちが自発的に決めて一緒に楽しむ姿に変わってきたそうです。また、職員からの声掛けよりも仲間同士で決めたことのほうが長続きする、言われてやることよりも自分たちで決めるということが大切なんだと気づかされたとのことです。

自転車の練習に関しても「サイクリングに行きたい」という強い思いが、本人や仲間たちを動かし、一緒に練習し、乗れるようになったことを喜び合う経験につながったとの報告でした。

◎仕事もいいけど絵も描きたい
・井上レポート

るっくコーポレーション（就労継続支援Ｂ型）からアートワークにおける実践報告がありました。絵を描くことが苦手だった仲間も、アートワークの先生“せんべい”がかかわると、みんながアートワークの時間を心待ちにするようになりました。せんべいから「いいじゃない！ステキねぇ～」「○○さんの優しい気持ちが絵に出ているわ！」と声かけられると、顔がほころび、「表現する楽しさ」を感じていく。そして、その時間が自分を表現できるステキな時間に変わっていったとのことです。また、２年に１回のペースで展示会も行い、発表の場もつくってきたとのことです。

この取り組みを通じて井上さんが実感したことは、「豊かに生きるためには、心を豊かにする時間が必要！」ということだそうです。毎日仕事を頑張る社員さん（るっくでは利用者さんを社員さんと呼んでいる）にとって、アートワークはリフレッシュできる時間になっています。その時間があるからこそ、毎日納期に追われながらも仕事を頑張ることができる。また、「心を豊かにする時間」は、私が「わたしでいていい時間」をつくりだし、自分の思いや気持ちを表現できる大切なこと。これからも“自分らしい表現”を目指し、仕事もアートワークにも取り組みたいと話されました。

◎余暇、文化活動での絆が安心感を生む

・南レポート

南さんは今まで４つの人形劇団の立ち上げにかかわり、障害のある人たちと一緒にさまざまな活動をしてきました。その活動で出会った２人が、南さんが行っている生活介護事業所「来夢（らいむ）」で一緒になった時のエピソードを報告しました。自傷行為の激しい武ちゃん（24歳）に落ちついてもらおうとエアートランポリンに取り組んだとき、武ちゃんの隣に隆司君（32歳）が隣に座り、武ちゃんの手をそっと握ってたたく行為をやめさせようとしている。たたく行為がやめられない武ちゃんだが、隆司君は強く止めるのではなく、そっと手をつなごうとする。やがて落ち着く武ちゃん。「隆司君、あんたには愛があるなぁ」と南さん。２人がその関係性になれたのは２人がさまざまな余暇・文化活動を一緒に経験した仲間だったからだと南さんは分析しています。まるで大きな家族のようなイメージがあるとのことでした。

◎まとめ

岩橋レポートでは、日中ショートステイ事業のように夕方以降の余暇支援の場がほかの自治体ではあまり取り組まれていない実態がわかりました。このような余暇支援の在り方が青年成人期の障害のある人にとって、とても有意義な仲間集団（活動）になっています。もっと多くの場所でこのような取り組みが広がるように、行政にも訴えていこうと確認されました。

磯レポートでは、福祉型専攻科のさまざまな実践と現状も話されました。青年期の若者にとって、集団の中で自分づくりをしながら学べることの大切さについて実感することができました。

井上レポートでは、「豊かに生きるには心を豊かにする時間が必要！」と再確認され、指導者・先駆者がいなくなった場合、その活動をどうするのかといった問題提起もありました。

南レポートも、活動の中心的人物の後継者をどう育てていくかの課題があると確認されました。

◎おわりに

障害のある人の余暇、文化活動、スポーツ、青年学級などの生涯学習に国も動き出し、2018年6月には「障害者文化芸術活動推進法」が成立、国や地方行政の責務が規定されました。東京都が余暇活動に関する助成金を出したと報告もあり、ますますこの分野での運動を組織化していくことが重要だと考えられます。

私たちが日々の実践を振り返り、障害のある人にとって青年学級、余暇活動、文化活動などはどう意義のあるものなのかをまとめ、発信していくことが大切です。人手不足、財源不足の中では発展した活動はできないでしょう。どう発展・継続できる活動としていくのかをこの分科会ではこれからも追求していきます。お互いの活動を語り合い、励まし、人びととつながり合うことで全国的に継続・発展していくのではないでしょうか。

さあ、みなさん一緒に語り、つながり、心豊かに活動していきましょう！　（文責　松田美和）

分科会報告

19　就労施設等での実践

共同研究者　久澤　貢（大阪）田中きよむ（高知）
司会者　武藤信一郎（愛知）栗本葉子（滋賀）
参加者　18名（就労継続支援A型・B型、地活センター、自立支援センター、特別支援学校教員など）

レポート
「林業と福祉の連携について」　長野　今井広樹
「Mさんと歩んだ１年間」　愛知　永田みか
「楽しく働くを実感するために」
愛知　山川和彦・山田一貴

◎はじめに

本分科会は、成人期障害者の労働について発達保障の視点で問い直し、それを阻む諸条件や制度の不備などにも言及しつつ、仲間や職員の支援のあり方について学び合おうとするものです。

今年は参加者のほとんどが就労継続Ｂ型の日中事業所、地域活動センターの職員でした。また支援学校高等部の教員もいました。３本のレポート報告のあと、講師から「大切にしたいポイント、課題」を整理してもらい、それを受けて議論を進めました。

◎レポート発表

・今井レポート

このレポートでは「林福事業」の取り組みが報告されました。「全国的に後継者難の林業に着目して福祉分野から参入。新たな風が吹いている。里山の整備、山の仕事を通して地域のさまざまな方と出会い、利用者自身も『ほんまもん』の仕事の手ごたえの中で変化が見られる。工賃は月40,000円を目標にしているが少し厳しい。一人ひとりの障害を配慮しながら仲間と共同で地域との調整を進め、期待が膨らんでいる」と報告されました。また、「工賃はアップしたいが仕事が忙しくなる、意欲と疲労とのバランスが難しい」との悩みも出されました。

・山川、山田レポート

次に発達障害の人達の仕事の場の保障をめざして「仕事の模索」と「利用者確保の課題」について報告がありました。

「近年100円均一の安い製品が出回り、食品以外は作業所製品がほとんど売れない。しかし製品づくりによって電動糸ノコが使えるようになるなど仲間の変化がある。ヒノキを使った製品づくりに特化してみたが、なかなかうまくいかず、名前を変えてなら大きなメーカーが買い取るという話もあったが、事業所の理念と離れているため断った。うちの製品だとお客様にわかるようにしたかった。だが、今も売り上げは厳しい」。しかし、「地域で引きこもったり他事業所で不適応だった人が、うちの事業所なら、と来てくれている」と言います。また、最近の取り組みでは「お手伝い仕事」が好評です。１時間500円でお風呂掃除、簡単な買い物等を引き受けているとのことです。これは利用者にとっても「ありがとう」と感謝されることがやりがいになっているとのことでした。

参加者も共通する悩みが多く、共感して受け止められていました。

・永田レポート

自閉症のMさんが得意なところから出発し、がんはりどころを見つけて共に歩んだ実践報告でした。

るっくコーポレーションでは、仲間に歓迎会の企画などを任せてみて、困ったときは助け船を出す、といった形で取り組まれます。仲間の旅行のプログラムも職員が口出しせず、仲間どうしで考えてつまずきそうになったら応援する仕組みを続けています。Mさんの出番づくりも独特のこだわりや表現が大変ですが、良いところを見つけて支援し、クッキーの型抜きが得意だからそれを契機に新たなことも挑戦できるよう環境を整えてい

る、と話されました。細やかな配慮は、利用者を深く理解しているからこそと参加者から感想がありました。

◎主な討議

午後からはフロアから次のような発言がありました。「高等部になると、卒業までに身に付けるよう技術面や精神面を鍛えろという風潮がある。本当にそれでいいのだろうか。『働くことの意味』や生活の豊かさを広げる余暇の取り組みなしにやみくもに仕事、仕事と適応させることに埋没してはならないのではないか」。

これを受けて、近年全国的に広がりを見せている専攻科の話題が出ました。やみくもに工賃をあげるだけでなく、豊かな生活、なりたい自分を思い描ける経験の広がりを保障することが大切ではないか、などの意見が出され、全員発言で実りある議論になりました。

◎共同研究者からのまとめ

工賃の問題、仕事起こしの問題、障害があっても働くということと自立していくことの本来の意味を共通理解にすることなど、課題が出されました。支援者側が押し付けたり、親の要望を優先させて本人に無理をさせたりしていないかを常に考えてみることも必要です。産業との連携、地域との連携をどのように考えてすすめるかや、時代のニーズや変化に対応させることの難しさも、これからの課題と密接に結びつけて考えていく必要があります。その際にあくまでも主人公は仲間であることを忘れずに日頃から集団で支援していくことを丁寧に積み上げていきましょう、と確認されました。

また、その人らしい人生を送るために、本人さん自身の給料の使い道や楽しみも一緒に考えながら働くことの意味を模索していきましょう、と結びにかえて話されました。

この分科会はいつも共同研究者のまとめと課題の整理がわかりやすいと好評です。「それぞれの思いが整理され方向づけられた」「明日への実践に見とおしや確信がもてた」と感想もいただきました。

参加者の力のこもった発言にお互いが勇気づけられた分科会となりました。

（文責　栗本葉子）

分科会報告

20　障害の重い人の日中活動

共同研究者　白石恵理子（滋賀）
司会者　園部泰由（埼玉）
参加者　19名（成人施設職員、親、養護学校教員等）

レポート
「障害児者と共に生きる会～あした葉　NPO法人申請中」
長野　永田アンナ・朝比奈由美子

◎はじめに

今回は、レポートが１本だけでしたが、そのぶん、じっくりと議論をすることができました。

レポート報告者は重症心身障害をもつ子どもたちのお母さんたちです。現在、NPO法人申請中の「あした葉」の取り組みについて報告されました。福祉のしくみが大きく変容させられ、当事者や家族にとっては「どのサービスを使うか」「どのサービスを買うか」という枠組みでの選択（残念ながら、選択肢がないことも多いのですが…）が当たり前になっているなか、保護者たちがつながりあって障害の重い人たちとともに生きる地域をつくろうとしてきた経過、そして一人ひとりの思いが徹底的に尊重されるグループホームをつくりたいという強い願いが伝わってくるレポートでした。

参加した施設職員も、あらためてじっくりと保護者のさまざまな思い、ねがい、悩みをリアルに聞くことができ、自分たちの仕事を見つめ直すよい機会になったのではないでしょうか。

◎まずは、できることから、そして親も楽しく

レポートでは、「自分一人では何もできない」わが子たちだけど、“選ぶ権利”だけは守ってあげたい」という思いが何度も語られました。重度の人が過ごす場がなくなってきているなか、みんなが好きな音楽に取り組んだり、流しそうめんをしたりと、まずはできるところから日中の活動をはじめている様子が語られました。音楽の発表会では、動かすことのできる示指１本を使っての楽器の工夫をしています。最初は緊張して声も出なかったけれど、少しずつ楽しみにしていく様子が生き生きと語られました。流しそうめんは、地域での国際交流の場にもなっており、障害の有無だけでなく、国を超えてつながりあう場になっているようでした。

ともに生きる地域のありようについて考えさせられるものでしたが、何よりも保護者のみなさんが自分たちも楽しみながら取り組んでいる様子が印象的でした。

◎日々のくらしのなかで

どんなに障害が重くても、一人ひとりの選ぶ権利を守りたいというメッセージを受け、あらためて「なかまが主人公の生活とは何か」「なかまの思いを大切にするとはどういうことか」について議論を進めました。

分科会では、具体的には入浴のことが取り上げられました。身体が大きくなってくると、二人がかりでも入浴が難しくなってきます。そのようななかで、乳幼児期からつながってきた相談支援員さんのおかげで訪問入浴の回数を増やすことができたという事例や、自分の好きなシャンプーや音楽を流せるようになっている公立施設での入浴の事例、なかまとの大事なコミュニケーションの時間と位置付けているという入所施設からの発言、16時までは社会とつながる（労働に取り組む）時間帯と位置付けつつも夕方以降にできるだけ全員が毎日入浴できるようにすることで、加齢にともなって股関節が硬くなったり腸閉塞を起こしやすくなっているなかまたちがゆっくりと身体をあたためることができるという発言もありました。

一方で、日中活動と入浴の両方を保障すること

が難しい人的条件の矛盾も語られました。

入浴一つをとっても、さまざまな地域や施設の交流になり、「なかまの願いを大切にするとはどういうことか」「選ぶ前提となるくらしのありかた」を考える機会となりました。

◎想いを尋ねる

障害が重い人の場合、選択や意思を大事にしたいと思っても、実際のかかわりの中で、どこまで本人の意思をくみとっているのか、支援する側は常に悩むところです。

このことにかかわって、まずはいっしょに活動をつくっていくこと、くらし全体を通して興味をさぐっていくこと、まずは職員（支援者）自身が楽しむこと、目の前の姿だけではなく生活の歴史や背景を知ること、狭い意味での意思表示だけではなく喜怒哀楽のすべてを大切に読みとっていこうとすること、「選ばない自由」もあること、所属するグループや仕事を決める際に必ずすべてのグループ(仕事)を経験できるようにしている等々、それぞれの実践や経験を通して語り合いました。

本人の思いも定まっていないように思われた人が、「YES」のときには目をつぶっているのではないかという気づきがあり、その仮説をもって接していくなかで、８年間を振り返ったときに、明らかに目をつぶって「YES」と伝えるようになったと確信できるようになったという発言もありました。

さらに、報告者の長田さんからは、息子は「YES」か「NO」かで答えることができるけれども、だからと言って「こっち？」「それともあっち？」と一つひとつの選択肢を用意して尋ねるのではなく、まずは「どうする？」と聞くようにしている、そうすることによって、本人が考える間、自分の思いをつくる時間を大切にしているとのことでした。具体的な問いかけのありかたとして大切な提起だと考えます。

◎まとめにかえて

午後は、施設職員が多くなった関係もあり、それぞれの施設での日中活動を具体的に紹介しながら、悩みを出し合いました。そのなかで、集団編

成、日課のつくりかた、給料の考え方など交流することができました。

今回の分科会では、「選ぶ」「意思決定支援」「思いをよみとる」等がキーワードになりました。障害者権利条約では、「誰と」「どこで」くらすのかは、本人に決める権利があると明記されています。そのことが実現される制度を強く求めると同時に、条約には明記されていない「どのように」くらすのかについて、たくさんの実践や知見の蓄積があることを実感する分科会でした。

障害の重い人たちが思いをつくり、それを表出していくためには、職員（支援者）との関係だけではなく、なかま同士の関係が重要なこと、さらに職員（支援者）が「間」「ゆとり」をもってかかわっていくことのできる環境が不可欠です。障害の重い人たちのペースや時間の流れにゆったりと寄り添うことのできる条件についても明らかにしていきたいものです。

（文責　白石恵理子）

21　企業等での就労支援

共同研究者　伊藤修毅（愛知）
司会者　湯浅俊二（埼玉）
参加者　12名（障害当事者2、保護者2、施設職員4、その他4）

レポート
「就職活動１年目　5％の取り組みがもたらすこと」　愛知　秋元真理子
「22歳、自分の思いを出す」　広島　秋本さち子

◎はじめに

冒頭に共同研究者による基調報告がありました。この分科会の特徴として、当事者自身の思いを丁寧に聞き取ることと、そういった当事者に丁寧に寄り添う支援者たちの取り組みに学ぶことを大切にしてきたことを確認しました。同時に、障害者の就労を支える諸制度は課題が多く、どんなにすぐれた実践も、制度上の問題点が障壁となるということも確認しました。

また情勢として、障害者雇用率は今後も引き上げが予定されていること、障害者雇用率水増し問題の影響を受け、障害者の「取り合い」が始まっていることを挙げ、少なくとも、障害者雇用は見かけ上、「量的」には充実していく方向です。しかし、量的拡充が質的低下をもたらすことが懸念され、就労支援における合理的配慮の質が問われることを確認しました。

◎レポート報告

秋元真理子さんのレポート

就労移行支援事業所での実践報告でした。内職や下請けなどの作業（立ち仕事）が主ですが、「楽しみをもつことにつながる研修や取り組みの時間を大切にしています。それは就職後も働き続ける力につながるからです」とのことです。タイトルの「５％」は、この研修や取り組みが活動全体の5％程度であることを示していると同時に、この５％の時間の重要性を示しています。

事例としてアキラさん（仮名）と取り組んだ外出の活動のようすが報告されました。当初は経験も少なく失敗も見られた公共交通機関の利用が、活動を繰り返してできるようになり、大好きなアニメに関連するグッズなどを買いに行くために一人で地下鉄やバスに乗れるようになりたいという意欲が高まっていったことが伝わってきました。

２年目に入り、具体的に求職活動に取り組むなかで自宅からバス通勤できる会社を探し当てました。本人は覚えていなかったそうですが、高等部時代に面接を受け、仕事は合っていそうだけれども設備や配慮内容に不安があって応募しなかった会社だったそうです。その時と条件は何ら変わっていないにも関わらず、本人が見学･実習を希望し、就職につながったとのことです。

この地域では元々、自治体独自の定着支援事業が半年間あり、それが2018年度から国の制度となった定着支援事業に移行する形になります。秋元さんがどのように関わって、丁寧に職場につなげていくかが楽しみな事例です。

レポートには、アキラさんが時折「自立訓練事業所へ行きたい」と言葉にしていたとあり、にもかかわらず、就労につなげたという点は議論になりました。うがった見方をすれば、就労移行支援事業所としての経営上の事情から、本人の意向を無視して就職の方向に誘導したともとらえられるからです。しかし、アキラさんの本心は「働きたい」であるという支援者の見立ては、丁寧な検討の上で判断されたことが説明されました。

秋本さち子さんのレポート

22歳のアスペルガー症候群の診断のある息子さんの就労支援に関わって、保護者の立場からの報告でした。息子さんは、定時制高校を卒業した後、職業訓練校で11ヵ月の職業訓練を受け、地元の薬局の本社で事務補助の仕事をしています。職

業訓練校の卒業のタイミングで、就業・生活支援センター（以下「センター」）に登録し、継続的に支援を受けています。

２年目に入る頃に、職場から「雇用契約内容変更通知書」を渡され、これを機に、１年目の総括の支援会議を開くようにセンターに要望し、会社の上司・センターの支援員・息子さん・母親（秋本さん）の４名で支援会議が行われました。実習での様子から、通常より少し短めの勤務時間で１年目をスタートしましたが、２年目からは少し時間を延ばしてほしいという思いが秋本さんにはあったそうで、そのことを上司に伝えたところ、本人が「僕は、今の時間帯がベスト」としっかりと伝えていたことが告げられ、息子さんが自分の気持ちを自分で上司に伝えられたことの嬉しさと、それを知らなかった恥ずかしさで複雑な思いだったとのことです。

議論では、保護者がここまで会社と直接的に関わるということは珍しいと、その是非が議論となりました。保護者の思いはよくわかるという意見もある一方、やはり保護者は一歩引き、伝えるべきことがあれば、センターを仲介することが望ましいといった意見もありました。このケースについては労働契約上の課題もあり、会社にきちんと伝えるべきことがあったのは事実のようですが、そこにセンターがきちんと介入しないと、保護者は安心して子離れできないのではないかということも語られました。

◎討論より

レポートを受け、移行期の支援と就労後の定着の支援という２つの側面からの総括的な討論を行いました。

移行期の支援については、就労移行支援事業という有期限の制度のはがゆさがある中で、「なんで働くのか」という目的意識が育たないまま就労させてなくてはならないという問題点や、だからこそ移行期の教育（たとえば自立訓練事業を活用した福祉型専攻科など）や秋元レポートで言う「取り組み」などの重要性が議論されました。逆に言えば、アキラさんは「働いて得たお金で、何をしたいか」を考える力が育っていたことが決め

手となっており、「お金を使う目的」の育ちがポイントであることは確認できました。

定着の支援については、「孤独」が一つのキーワードとして挙げられました。「孤独」を好む人嫌う人、さまざまですが、職場内での人間関係が背景にあることは大きな課題です。スーパーなどで勤務した場合、土日に勤務シフトがあてられることも多く、そうすると地元の友だちと遊んだり、学校や支援センターなどが主催する行事にも参加できないことも多くなってしまい、リフレッシュが充分にできないという状況も示されました。定着支援事業がどのような役割を果たすかは、まだわかりませんが、定着支援が必要なのは職場の内側だけではなさそうです。

◎おわりに

就労移行支援事業が、就労への移行を支える重要な制度であることは確かですが、これは「障害者自立支援法（現在の総合支援法）」という障害者を丁寧に支えることとはほど遠い思想からつくられた法律に基づいた制度であるということは、やはり今一度確認する必要がありそうです。障害者が働くためには、「公費による支援」が必要です。これを障害者本人に負担させたり、企業（特に中小企業）に依存したりという、制度の基本構造と政治を見直していくことが求められます。

大会の直前に行われた参議院議員選挙において、２名の重度障害者が国会議員となり、さまざまな制度矛盾を多くの人に知ってもらう契機となっています。あらためて、就労支援や定着支援の「合理的配慮」の質を問うていきたいと思います。

（文責　伊藤修毅）

22　暮らしの場での支援

共同研究者　田村和宏（滋賀）
司会者　武藤寛史（埼玉）佐藤さと子（愛知）
参加者　22名（ホーム職員、施設職員、親、研究者など）

レポート

「安心・安定した暮らしを提供するために解決したい課題」　長野　鈴木友里枝

「“できなくなった”を受け止める」　愛知　斎藤智弘

「知的障害者の施設入所の支援の現状と職員の専門性について」　愛知　佐藤さと子

「思いが通じ合ったとき」　鹿児島　西田雄太

◎はじめに

本分科会では、いかに本人の暮らしに光があたり主人公になっているか、支援者どうしが問題をいかに共有できるか、重度の人のホームが増えている中での制度の課題などを、議論してほしいという提起を受け、レポート報告に入りました。

◎実践報告

○**西田報告**　Ｙさんは発語がなく、身振りやジェスチャーで思いを伝える方で、「今日は誰と泊まるか」視覚的にわかる予定表での確認が定着したある日、怒り始めた。ゆっくり話を聞くと、「Ｋさんに泊まりにきてほしかった」という自分の思いとのちがいが職員に伝わったことでスッキリした表情になれた。歯医者にも他の利用者といっしょに行けるようになった。ホーム生活３年間でホームが安心して過ごせる場所に変わり、これからもＹさんの思いを受けとめながら生活がより豊かなものになったらと思う。

○**鈴木報告**　男女２棟のグループホームが開所して10年以上たつ。世話人12名は70代が中心で、もうすぐ80代という方もいる。世話人にとって、いつてんかん発作が起きるかわからない中での入浴介助はなかなかの苦労がある。一生懸命誠意をもって命を預かるも同然の仕事をしている世話人に安心して働いてもらえるように願っている。世話人のなり手が不足し応募がなかなかないが、若い世話人がもっと増えばと思う。

○**斉藤報告**　30代から70代の幅広い年齢層９名が生活しているグループホーム。60代のＨさんが身体的に衰えトイレの失敗が多くなるなど支援度が高くなると、孤立していたＨさんへの風当たりが強くなった。他の利用者に話を聞くと、職員ともっと関わりたいという思いがあることがわかった。「Ｈさんのせいで他のみんながかわいそう」という意見がパート職員から出たため、Ｈさんの体の状況を共有し、寮生一人ひとりの課題について少しずつ受け入れてもらえるように話をした。報告者がＨさんのことを受け止めきれていなかったことが反省点でもあった。将来の高齢化が進んだ際の支援を考えていく時期にきている。

○**佐藤報告**　開所から38年たつ。高齢化の問題を多くの職員に伝えていきたい。暮らしの場を考えることは親が亡くなってからでは遅い。58歳の美代子さんはてんかん発作が多く、脳梗塞から廃用症候群で下肢の拘縮が進み、５月から入院、７月に医療対応型有料老人ホームに移った。病気そのものをなくすことはできないが、しんどさに寄り添って今を楽しく生きることがこれからの老化のスピードを遅くすることにつながる。人間にとって一番必要な信頼できる人間関係のベースのうえで発達に必要な力が蓄えられていくのではないか。

◎論点・議論したこと

以下、討論の中で出された意見。

①生活のゆたかさをつくるとは

・生活の中に選択肢が広がること、選択肢の多さではないか。

・余暇活動でどう過ごすか。年１回ホームで旅行に行く。仲間と買い物に行くが、それを通じて仲間とつながり、いっしょに楽しめるとき豊かさを感じる。

②「ずるい」「えこひいき」と言う仲間やパート職員に対してどういう支援や取り組みが必要か。

・職員の取り合いは日常的にある。自分がHさんだったらと置き換えて考えるのがむずかしい利用者の気持ちを受けとめることが大切。2018年『みんなのねがい』で別府哲さんは、ルールの中に押し込めるのではなく、違いを認めて共有することが大切だと指摘している。

③制度的にグループホームの大型化が進む中で入所施設に求められること

・「入所施設は作らない」という国の政策を変えるために、入所施設の必要性は何かを考えなければならない。やまゆり園の再建では大規模な入所施設の建設に反対意見が多く出された事実がある。

・集団の規模によって暮らしは違ってくる。小さい規模の方が細かく伝えていくことができる。

・入所施設は職員が近くにいるので安心。看護師もいて支えもある。

・自閉症の利用者には、職員との距離は入所施設の方がとりやすい。

・職員がいつもいる安心から、入所施設ができたら重度障害の人がホームから入所に移行してしまった。

・暮らしの場が足りない現実がある中で、埼玉県で入所施設が多くの声で実現できた。

④スタッフの確保のために必要なこと

・ホームの職員がそばにいて、悩む過程に付き合って感情を共有してくれたことはすごいと思った。

・時給アップで職員が来るのかを議論したことがある。働きやすい職場づくりと職員の研修が大切。

⑤パート勤務の世話人ばかりのグループホーム体制にとって安心できるような応援体制とは

・50歳の利用者が階段で落ちることがあった。入浴中に湯船で排便してしまい、SOSを出したところ通所の職員が来て付き添ってくれた。

・緊急の電話。夜間の救急対応。救急救命講習をしたり、業務用のLINEを使ったり、AEDの設置や警備保障と契約している。臨機応変が大切。

◎まとめ

・現行制度では暮らしの場の支援は日中活動に比べて報酬単価が低いためパート職員中心にせざるを得ない。そのなかで共通した支援をつくっていくことが求められている。各人の努力と１～２名配置される正規職員による人材養成、職員のコーディネート力、実践力が求められている。正規職員の負担は重い。グループホームの事業は単体では赤字で、いろいろな事業を併せてやっと成り立つ状況で、そういう意味では小規模多機能の介護保険にスタイルが近づいてきている。夜勤や緊急時の体制は地域で助け合いながらやっとなりたっている事業で、「地域拠点型生活支援事業」を支えにセーフティネットを張るというものの、地域格差がある。地域の課題として共有できているかが大切なところ。制度政策の研究が必要。

・生活の豊かさは、一人ひとりに固有で多様な価値観に基づいてつくられる。それを受けとめ認め合う支援ができるかどうか鍵。今回の実践報告は、いずれもその構えがしっかりできており、なおかつ当事者に丁寧に働きかけている（説明したり、同意を得たり、了解をつくったりなど）。この点は西田報告に学びたい。生活を支え、「生活を本人のものにする」中で、本人自身が変わっていく。そして本人が変わることで支援者が変わっていることに実践報告をしながら気がついていく。生の営みがまわりの生に影響を与えていく。

・入居者間で起きる「えこひいきだ」について。○か×ではなく、折衷案でもなく、目の前にある実態に寄り添って、それぞれの思いを受けとめることが大切。まわりの入居者にそういう「共感の窓」を見つけるような話し合いをくぐらせて、共感や実感を伴う理解をつくる必要がある。そうすることで歩み寄れたり新たなルールが生まれたり、排除しない暮らしの文化が積み上げられていく。

・人材確保をどうするか。学生が実習に来た時にどれだけ感動を与えられるかが大切という話もあった。

（文責　佐藤さと子）

分科会報告

23　地域での生活と支援

共同研究者・司会者　鷲見俊雄（宮城）小森淳子（岐阜）
松本誠司（高知）
参加者　20名（当事者、支援職員、教員、家族など）

レポート
「私の施設生活パート25」　新潟　佐藤　陽
「大事件勃発、緊急事態発生」神奈川　岡本真理
「この地域の暮らし場」　愛知　奥村芳春
「子育てを保障するための支援とは？」
岐阜　小森淳子

◎はじめに

昨年2018年の埼玉大会から「地域での生活と支援」と「女性障害者」を合同しての開催となりました。「女性障害者」の分科会では、「障害者」として、「女性」として、複数の差別を受けていることについて実態を出しあい、解決の方向性について討議をすすめてきました。「地域での生活と支援」の分科会では「自立とは、生活の主人公として自由と権利を拡大していく発展過程」という到達点を確認してきました。

両分科会に共通することとしないことはありますが、障害をもって地域で一人の人間として生きていくために必要なことや、地域で暮らす障害者への支援のあり方について、当事者と支援する者が、実態を出し合いながら討論しました。

◎レポートの概要

小森レポートは、障害をもちながら結婚し二人の子どもを出産し子育てしてきた経験を語ってくれました。地域の保健師、ホームヘルパー、子どもの通う保育園の関係者などによるフォーマルの支援と、学生ボランティア、ママ友、地域の人々とインフォーマルな支援があったことで子どもたちが育ってきたことを語りました。

奥村レポートは、生活する地域の「居住」系のサービスの実態を自身の生活実態から報告しました。身体障害者福祉ホームは数年前から「グループホーム」と統合されました。奥村さんが利用しているホームはアパートのようになっていて、必要なサービスは外部から利用する仕組みです。困っていることを報告しました。

佐藤レポートは、25回目。入所施設から地域の活動支援センターを利用するなど、自らの活動範囲を拡大しているようです。残念ながら今年も本人の参加がなく文書のみの報告でした。

岡本レポートは、二人暮らしの母が突然動けない状態となり、近所の人々や「みんなのねがい読書会」に集う仲間からの支援で危機を乗り越えた経験が「親なき後」の暮らしの場について考える機会となったことが報告されました。

◎討論内容

奥村レポートをもとに、グループホームと福祉ホームの違いについての制度的な問題点が話題となりました。全国的な問題としては、福祉職場で働く労働者が大幅に不足している実態が出されました。とくに24時間常時介護が必要な障害者への「重度訪問介護」は報酬単価が低いために深刻な事態があることが出されました。

つぎに、ホームヘルパーの派遣回数や時間のことが出し合われました。１週間あたり身体介護30分と家事援助1.5時間が３回／週で、毎日風呂には入れないなど厳しい実態が出されました。背景に国の「国庫負担基準」があり、市町村ごとに障害者の数や支援区分に応じて国から予算が決められているため、市町村は支給時間を少なくしたいという事情があることが共同研究者から説明されました。ケアプランを組むさい、１ヵ月を４週間とするか５週間とするのかによって市町村の予算は大きな差が出るので厳しく絞っているという実態が報告されました。

岡本レポートからは、お母さんのケガが原因で普段通りの生活ができない中、岡本さんは知的障害がありつつもヘルパーさんに頼むことと近所の人に頼むことなど自分の生活を自分でつくっていることが報告されました。また、ショートステイを利用している施設の職員に、自分の生活スタイルとペースを知ってもらうことにも挑戦しています。周りの関係者が岡本さんを中心にして今後必要となるだろう「支援」を考え始めています。その中心に数年前から利用している補佐人たちがいることがいろいろな面で安心につながっています。同席してくれた補佐人からは「今回のことでサービスがあるから使うというよりも心の問題が大きいと思います」とのコメントがありました。

レポートを基に、女性障害者が家事、出産、子育て、働くことと特有の課題があり考えてもらいたいと小森さんから提起がありました。小森さんの子育ては、子どもに関わる保健師さんと、自身に関わるヘルパーさんというフォーマルな支援だけでは不可能なことから、近所の人や子どものママ友によるインフォーマルな支援で進めてきました。子育ての中で「親の障害に関係なく子どもが豊かに育つこと」ができるように「支援する側が、支援を受ける当事者を親と認め、親としての自己決定を尊重すること」が重要でそのためにフォーマルな支援とインフォーマルな支援が必要だと締めくくりました。

◎まとめにかえて

討論の中で、小森さんは子育てを「親の価値観を乗り越えること」と定義しました。小森さんの息子さんは今、大学院で障害児教育について学んでいて、全障研大会にも参加したそうです。また、本分科会には息子さんの友人の一人が参加していました。

地元長野から参加していた介護福祉士養成学校の教員から、両親が知的障害をもつ学生が入学当初、それまでの生活の中で「いじめ」に遭い「死にたい」と話していたと発言がありました。２年間の学生生活で多くの仲間と交流していく中で成長し、卒業し就職し、結婚したことを話しました。学生の多くが、いじめに遭うなど悩みを抱

え、人間関係をもちにくいなどの弱さを抱えています。今日分科会で聞いた話を学生たちに聞かせたかったと続けました。

「自立とは何か」という問いかけには、いろいろな答えがあります。しかし人は「依存しつつ自立する」存在です。「一人暮らし」をもって「自立」ではないことは分科会の討論の積み重ねの中で確認されてきました。人間はそもそも一人では生きていけないのではないでしょうか。

岡本さんの「緊急事態」を支えたものは、地域のつながりと「成年後見」はじめフォーマルな支援でした。

「毎日、風呂を浴びる」ことは多くの日本人にとっては当たり前のことです。しかし、多くの障害者が週何回かしか入浴できないでいます。福祉制度が当たり前のことを否定しているのです。

この秋から消費税の税率が上げられることを「社会保障のため」と政府は言っています。しかし「緊急事態」への対応や「毎日、風呂に入る」ことは実現しません。年金や生活保護費は下げられ続けています。いったい、消費税は何に使われているのでしょうか。

消費税が導入された1989年の神戸での全国大会「特別分科会」で、河野勝行さんは「消費税」は「生否税」だと言いました。消費税導入から30年が過ぎましたが、障害者の生活は苦しさが増しているといえるのではないでしょうか。

今こそ、障害者が真の意味で「自立」できる社会をつくるために多くの人々と手を取り合い、社会に働きかけるべきではないでしょう。

来年は北海道での大会です。みんなで再会しましょう。（文責　松本誠司）

分科会報告

25　重症心身障害1　笑顔の獲得などを課題とする人たちの生活と発達

共同研究者　三木裕和（鳥取）
司会者　武田俊男（東京）南　有紀（和歌山）
参加者　10名（教職員、看護師など）

レポート
「心の動く授業って？」　滋賀　柴田宇希美
「まじめにふまじめ」　滋賀　木澤愛子
「わたしが１ばん！　わたしもやりたい !!」　和歌山　南　有紀

◎はじめに――共同研究者より分科会基調

この分科会では医療的なニーズの高い人たちの、主に療育や教育の課題について検討してきました。その論議の中では、命をどう受けとめるか、豊かに生きるとは何かが問われてきました。厚労省は医療的ケアの必要な人は倍増していると報告しています。社会的にも医療的ケアの必要な人の命をどう守るのかが意識されています。医療、介護がどう支えるのかは重要な課題です。学校教育では、学習指導要領が改訂され、来春から実施されます。今回の学習指導要領では、財界からの要請にこたえた人材育成の意図がはっきりとしています。PISAでは、日本の子どもは成績上位だが、「勉強が楽しい」は最下位だというデータが出ています。それを受けて、もっと意欲的に世の中に打って出る人材を求めています。そこには障害の重い人のことは、全く念頭にありません。このような中で、障害の重い子が「わかる」ということを明らかにすることは、人間らしいとはどういうことか、学習指導要領に書かれた資質能力観を問い直すものとして、重症児の教育について考えていくことが求められているといえるでしょう。

◎レポート報告

・柴田レポート

乳児期の発達課題をもつ小学部の子どもたちの「みる・きく」の授業実践の報告です。子どもの心が動く授業を目指して、絵本の読み聞かせやお話あそびの授業づくりを進めてきました。子どもに伝えたい内容を考えて教材を選び、子どもたちが受けとめやすいように活動を工夫して進めています。それぞれの子どもの見る力や聞く力の実態を考え、何より子どもが五感で受けとめてお話のおもしろさを感じてほしいと、授業ごとに子どもたちのようすを見てさらに工夫を重ねる授業づくりの経過が報告されました。職場では知的障害の子どもには難しいといわれてしまったという戸惑いも話されました。

報告を受けて、教材を選ぶときの職員集団での論議について意見交換しました。共同研究者からは、この教材が子どもたちにどんな感情的な変化をつくれるのかを職員集団で共有できるような進め方ができれば、という提案がありました。障害の重い子どもの生活のほとんどを介護が占めます。その中で「みる・きく」は、学校がやらなければ誰もがやらないことです。ことばは伝えるためだけではなくおもしろいものであるということを子どもたちが経験できるような授業づくりを探っていきたいものです。

・木澤レポート

教科に位置づけられない活動で子どもも大人も楽しんだ授業の報告です。学校中が息苦しさや窮屈さを感じてしまい、子どもを授業の楽しさ、教材のおもしろさで引き付けようという授業づくりの醍醐味は見失われそうな現場の雰囲気があります。木澤さんは新年早々の活動で先生たちによる「新春かくし芸大会」を提案しました。冬休み中かかって先生たちが思い思いの「かくし芸」を準備し、子どもたちの前で披露しました。先生たちがいつもとちがう雰囲気で楽しく「かくし芸」をする姿に、大人も子どもも大笑いしたり、自分もやりたいと言い出したり。障害の重い子どもたちが授業の中で生き生きと子どもらしい時間を過ごせることを、もっと求めてもいいのではないだろサービスは全く利用しておらず、今後の生活に不安を感じている。どうしたらいいか」という切実な悩みです。「5080問題」という言葉がありますが、この方の場合は「6090問題」とも言え、社会的な課題です。65歳までに何らかの福祉サービスを利用しておくか、自治体に事前に相談だけでもしておくのが望ましいと意見がありました。65歳を超えると介護保険との兼ね合いで、障害福祉サービスの手続きが非常にややこしくなることへの対応策でもあります。

制度面ではまだまだ課題が多くあります。今まで障害福祉でヘルパーを利用していのたが、65歳になると介護保険へ移行し利用料負担が重くのしかかるケース。また慣れ親しんだ事業所も変えざるを得なくなり、障害特性の理解が不十分なヘルパーに支援を受け困っているという声。負担軽減策として、65歳までに５年間障害福祉を利用している支援区分2以上の非課税の方は償還払いを受けられますが、申請主義であり当事者にあまり知られていない現状は問題ではないでしょうか。

・高齢になっても自分らしく生きたい

高齢になるとできていたことができなくなり、障害があるゆえに進行の速度も早いと発言がありました。またやりたいことを抑制しなくてはいけなくなる場合も多くあります。病気に罹患しやすくなり、食事制限や体の不調を訴えにくくなったりもします。料理の味付けや見た目を工夫し食事制限のストレスを軽減したり、趣味を活かせるクラブなど、各世代が楽しめる活動に取り組んでいる事業所もありました。支援者が本人の状態を理解しどう支えていくかを考える必要があります。

また当事者から「自由度の高い入所施設はないのか」と発言がありました。外出の制限や転倒のリスク回避から車椅子を使用しなければいけないケースなども聞くところです。過度な締めつけは当事者の発達を妨げることにつながります。報酬や職員体制の問題など福祉制度自体が脆弱では、本人にニーズがあっても叶えられないのではないかということが問題提起として挙がりました。

・家族依存を克服する

支え方についても議論になりました。当事者だけでなく家族も高齢になるにつれ、さまざまな問題が生じてきます。元気なうちは自分がみなければいけないという責任感に押しつぶされることもあります。本人と家族の自立のために、公的な制度を充実させ社会全体で支えること、暮らしの場の保障と職員が働き続けられる環境づくりをしなければなりません。公助を減らし、共助と自助を増加する国の自己責任論の問題を是正していく必要があると語られました。

◎まとめ

今回の分科会としては、高齢期における知的障害や中途障害の課題と、その支援についての議論がメインとなりました。前回の討議の課題として挙げられていた、成年後見制度や所得保障については、あまり議論をすることができませんでした。分科会のテーマが壮年期、高齢期、中途障害と幅広く、特に壮年期というカテゴリーは例年特化して議論できていない現状です。今後の課題として、高齢期や中途障害の支援を深めていくという方向性が出ています。

共同研究者より、高齢になると病気や障害、親の死去等によって安定が崩れてくる、長生きをすれば友人も少なくなり人間関係が希薄になるなど、課題が重なる難しい時期であるという発言がありました。また制度面でも問題があります。障害福祉、介護保険、医療制度などを65歳や75歳と年齢で線を引き、当事者には非常にわかりにくい仕組みとなっています。複雑な制度の理解と障害者運動を、支援者がいかに共にすすめていくかが重要ではないでしょうか。

また各現場では人手不足の解決が課題になっていますが、「福祉は人の存在や尊厳に迫ることができるやりがいのある仕事だ、定年の年齢以降もやっていきたい」という服部さんの言葉が印象的でした。今後も人と人とのつながりを大切にしながら、多様な実践を積み重ねていきたいと思います。全障研はさまざまな立場の方と交流ができ、多角的な視点から物事を見つめ直し実践へのヒントを得ることができます。ぜひまた次回の北海道・旭川大会でお会いしましょう。

（文責　黒川昇宏）

25　重症心身障害１　笑顔の獲得などを課題とする人たちの生活と発達

共同研究者　三木裕和（鳥取）
司会者　武田俊男（東京）南　有紀（和歌山）
参加者　10名（教職員、看護師など）

レポート
「心の動く授業って？」　滋賀　柴田宇希美
「まじめにふまじめ」　滋賀　木澤愛子
「わたしが１ばん！　わたしもやりたい !!」　和歌山　南　有紀

◎はじめに――共同研究者より分科会基調

この分科会では医療的なニーズの高い人たちの、主に療育や教育の課題について検討してきました。その論議の中では、命をどう受けとめるか、豊かに生きるとは何かが問われてきました。厚労省は医療的ケアの必要な人は倍増していると報告しています。社会的にも医療的ケアの必要な人の命をどう守るのかが意識されています。医療、介護がどう支えるのかは重要な課題です。学校教育では、学習指導要領が改訂され、来春から実施されます。今回の学習指導要領では、財界からの要請にこたえた人材育成の意図がはっきりとしています。PISAでは、日本の子どもは成績上位だが、「勉強が楽しい」は最下位だというデータが出ています。それを受けて、もっと意欲的に世の中に打って出る人材を求めています。そこには障害の重い人のことは、全く念頭にありません。このような中で、障害の重い子が「わかる」ということを明らかにすることは、人間らしいとはどういうことか、学習指導要領に書かれた資質能力観を問い直すものとして、重症児の教育について考えていくことが求められているといえるでしょう。

◎レポート報告

・柴田レポート

乳児期の発達課題をもつ小学部の子どもたちの「みる・きく」の授業実践の報告です。子どもの心が動く授業を目指して、絵本の読み聞かせやお話あそびの授業づくりを進めてきました。子どもに伝えたい内容を考えて教材を選び、子どもたちが受けとめやすいように活動を工夫して進めています。それぞれの子どもの見る力や聞く力の実態を考え、何より子どもが五感で受けとめてお話のおもしろさを感じてほしいと、授業ごとに子どもたちのようすを見てさらに工夫を重ねる授業づくりの経過が報告されました。職場では知的障害の子どもには難しいといわれてしまったという戸惑いも話されました。

報告を受けて、教材を選ぶときの職員集団での論議について意見交換しました。共同研究者からは、この教材が子どもたちにどんな感情的な変化をつくれるのかを職員集団で共有できるような進め方ができれば、という提案がありました。障害の重い子どもの生活のほとんどを介護が占めます。その中で「みる・きく」は、学校がやらなければ誰もがやらないことです。ことばは伝えるためだけではなくおもしろいものであるということを子どもたちが経験できるような授業づくりを探っていきたいものです。

・木澤レポート

教科に位置づけられない活動で子どもも大人も楽しんだ授業の報告です。学校中が息苦しさや窮屈さを感じてしまい、子どもを授業の楽しさ、教材のおもしろさで引き付けようという授業づくりの醍醐味は見失われそうな現場の雰囲気があります。木澤さんは新年早々の活動で先生たちによる「新春かくし芸大会」を提案しました。冬休み中かかって先生たちが思い思いの「かくし芸」を準備し、子どもたちの前で披露しました。先生たちがいつもとちがう雰囲気で楽しく「かくし芸」をする姿に、大人も子どもも大笑いしたり、自分もやりたいと言い出したり。障害の重い子どもたちが授業の中で生き生きと子どもらしい時間を過ごせることを、もっと求めてもいいのではないだろうか、という提起です。

討論では、エビデンスを求められる現場の状況で「こうであらねば」と縛られ、子どもたちを枠にはめる実践が多くなり、学部ごとの隔たりが大きくなっている状況が交流されました。厳しい状況の中ですが、子どもの楽しさを反映させる大人集団としての教職員集団の質が問われているのではないでしょうか。

・南レポート

長く訪問教育で子どもと１対１の授業を積み重ねてきた報告者が、施設内分教室に異動して、あらためて障害の重い子どもにとっての集団の授業の意味を問い直す報告です。お話あそびの活動を通して、子どもと先生がじっくりやりとりする中で表情が豊かになったり、他の子どもの活動に気持ちを向けるようになる等の子どもたちの様子が報告されました。病棟のケア等生活が優先される条件ですが、子どもが子どもらしく子ども同士の関わりをもてることを大切にしたいと授業づくりを進めています。病棟で同室でもなかなかお互いを意識できなかった子どもたちが、授業の中で関わり合うことで友だちを意識し、「自分が！」とやりたい気持ちを伝えるようになってきました。子どもたちにとって集団で学ぶというのは学校でなければできないことです。病棟との連携を大切にしながら、学校での友だちとの活動を大切にしていきたいという報告でした。

◎討論――教材えらび、職員集団

本分科会では、事例を中心にした報告が多かった経過があります。今回は、学校における授業づくりのレポートが集まりました。それぞれのレポートを深める中で、参加者それぞれの学校現場での状況や、授業づくりを進める上での職員集団での論議のありようなどを交流しました。

絵本を教材にした取り組みの報告が２本ありました。担当者任せになりがちな教材えらびを、どのように職員集団のものにするかが課題でしょう。絵本のおもしろさを子どもたちに伝えようとしたときに、この絵本が子どもたちにどんな感情的な変化をつくることができるのかを職員集団で共有する努力が必要になります。子どもたちの中には「見る力」「聞く力」に弱さをもつ子どももいます。でも子どもたちは全身で、すべての感覚をつかって絵本の世界を受けとめようとします。それに応えて、何をどのように伝えるのか、どう授業として成り立たせていくかを考えることが、授業づくりにつながります。ともに考えていく教職員集団の質が問われるといえるでしょう。

木澤レポートで報告されたように、子どもも大人も楽しいと感じられることを、なかなか学校で取り組みにくい現場の状況があります。それでも、関わる職員が楽しそうにしていると利用者が笑ってくれる、子どもとともに笑える時間を大切にしたいという発言がありました。他愛のないことでも、楽しいことがあったと思い出せるということが、その人の人生を支える力になるのではないでしょうか。この分科会の対象となる子どもたちの障害像はたいへん厳しく、学校以外の場では患者として、ケアや介護を受ける人として見られていることが大半になる生活を送っています。その人たちにとって、学校の授業は、学校でしか経験できないことです。討論の中では、生活を楽しむ主体として、子どもに経験させたいことを授業で取り組むことの大切さが確認されました。

◎まとめ――なんとなく窮屈な学校の中で

学校現場では目に見える結果を求められ、子どもたちも教職員も窮屈さを感じています。そんな状況のもと、知的障害の子どもたちを担当している先生たちから「（こんな授業は）重症児のクラスだからできるんだよ」という声が聞かれることもあります。教育の中身に「こうあるべきもの」の枠がつくられてしまっているようです。その枠を越えて実践を進めようとすると、とても大きな努力を迫られます。また、子どもも教職員も楽しい授業づくりを進めようとすると、教職員の論議を深めることが必要ですが、その職員集団づくりも大きな課題です。特に若い世代にどのように伝えていくかはどの職場でも悩ましい課題としてあげられていました。ともに授業づくりをし、実践を進めていく中で、子どものもつ力への信頼を伝えることが大切だと確認しました。

次回の分科会ではライフステージを越えたレポートをもち寄り、さらに議論が深まることを期待しています。　　　　　（文責　南　有紀）

分科会報告

26　重症心身障害2　人やものに向かう力などを課題とする人たちの生活と発達

共同研究者　坂野幸江（大阪）猪狩恵美子（福岡）
司会者　福永ひろみ（和歌山）
参加者　13名（教員、元教員、保育士、介護福祉士養成校教師（週１回放課後デイ）、保護者、理学療法士、大学教員）

レポート
「世界をひろげる、人とひろがる」
北海道　斉藤有美・斉藤利顕・渡部佳穂里
「安心できる集団の中で芽生えたＡくんの自我」
愛知　宮内晴香

◎はじめに

医学の進歩の中で重度な知的・身体障害をもつ子どもたち、生命維持に努力している子どもたちの教育をどうするかは、学校用語の「重度重複」では見えにくく、全障研大会では課題によって「笑顔の獲得」と「人やものに向かう力」の２つの分科会に分けています（25・26）。同じ発達段階にあっても生活年齢により、工夫が必要です。ライフステージを見通しながら長期的視線での実践を共有していきたいものです。運動機能・感覚機能に制約がある子どもたちや青年たちに長いスパンを見通して「人やものに向かう力をどう育て、膨らませていくのか」現ステージの課題を明らかにして実践していくことが大切です。「自分を出せる、表現できる力をつけることで将来豊かな成人期、老齢期を迎える可能性を広げることができる」ことを共通の認識にした分科会です。

レポートは２本で、「幼児期」「小学低学年」でしたのでその順番で報告し、レポートを中心に論議しながら青年期や成人期の課題へと進めました。

◎レポート報告

宮内レポート

動画を伴った報告で、子どものようすがよくわかりました。５歳児のA君への取り組みです。最初は環境の変化などの影響に生理的不快感も加わり、大泣きすることが多かったＡ君です。身体の不安定さ・心の不安定さをきちんと受け止め、Ａ君の気持ちを確認するような言葉かけを大事にしてきました。Ａ君が「伝わった」と感じることができるよう日常生活や療育の実践を積み重ねてきました。集団を大事にして、一つの遊びの中で子どもたちがそれぞれ自分の力を発揮でき、子どもたちが達成感を感じるように意識して集団での遊びの工夫を行ってきました。「口から食べる」とりくみも、A君の気持ちを大切にしながらも生活の中で見通しをもたせつつ雰囲気づくりをし、タイミングなどの工夫からＡ君が「食べることができた」という達成感を感じられるようにしてきました。そのような中でA君は自分で自分の気持ち表現する手段を獲得して、自分で選択する、相手に自分の思いを伝えることができるようになってきました。楽しさを共有できる集団があり、生活や遊びのなかでの仲間との関係がA君の発達を促してきたとの報告でした。

斉藤レポート

昨年から引き続きのレポートです。発達段階を丁寧に分析しながらの実践です。

学校現場では、「指導計画が一つひとつの課題に対してバラバラに対応しようとしている」「“できたか・できないか”になっている」中で、子どもの多くの課題を統一的にとらえ、内面の発達を大切にしながら実践してきました。

Ａさんは染色体異常があり、歩行が不安定です。てんかん発作や覚醒のコントロール、運動障害からの制約などを総合的にとらえ、「手を使う」「目的的な移動」「自我の育ち」などをAさんの活動する姿から分析して発達段階を確認し、次の課題を明確にしながらの１年生から３年間の実践です。

「自分の手を使って」では、姿勢が安定する工房椅子の使用で上肢が自由になり、見る力が発揮されやすくなりました。

「最初は持たせてもすぐ手放してしまうパンを細長くして左手に持たせると自分で口にパンを持っていくことができた。把持を持続できずにパンが落ちてしまうことがあったが、自分からパンを持とうとする仕草がみられた。先生に褒められてちょっと誇らしげなAさん。パンを細長く切る先生の手元をじっと見つめ、自分の手を開いたり掴もうとしたりして、自分の手が使えたことを確認しているようだった」。

このような記録に後から発達的検討をしたことも記録しました。運動会での取り組み、プールの取り組み、絵本の読み聞かせなども同じようにして進めました。

入学当初は、自信がもてずに不安げなＡさんでしたが３年生の終わりでは、Ａさん自身が仲間と一緒にたくましく発達している自分を知り、自分や人への期待を大きくする姿が見られました。

◎質問から

全国的に障害児のデイサービスが増えている中で週に５日通園できていることに関して、「名古屋はデイサービスがたくさんあり、数年前までは併用の子も多かったが、親が療育内容の違いがわかってきて週５日の実践が可能になっている。背景として、保護者の力でつくったセンターだということもある。労働組合の力も大きい」と説明されました。

学校での「大変さ」について「学校内では『発達保障・発達課題』という言葉が使えなくなっている。細ぼそと学校外で『発達』の学習会を行っている。親の方が理解してくれるが校内で広げる困難さがある」ことが話されました。

◎討　論

・子どもたちの居場所間（学校・家庭・放課後デイ等）の連携をどうするか

「ケース会議等で情報交換するようにしているが、十分に連携をとることが難しい」「デイの職員が学校へ迎えに来た時に情報交換するようにしている」「コーディネーターを通して」などの発言がありましたが、学校・家庭・放課後デイそれぞれ役割が異なり、組織的・時間的にも十分連携をとることが困難な現状です。

同じ機関内でも、多職種との連携が難しいという発言もありました。愛知のレポーターからは「毎日30分間ケースについて話し合いを行っている。話し合いにより、自分では気づけない子どもの捉え方に気づき、翌日新しい見方ができるようになる」との発言がありました。

・実践の工夫・教材教具の準備・取り組みの期間

「担当の先生が､子どもの活動する姿を見て、こんな遊びをしてみたいと提案する」「子どもたちに提示し、子どもがワクワクしてくるものを実践する」「子どもの力に合ったもの、ちょっとだけ上のものでチャレンジもする」「さまざまな本を準備して子どもが好きな絵本を見つける。たくさん経験したものを使用し実践する」「子どもが喜ぶものを基本としているが、例えばトランポリンを飛ぶことで興奮しすぎないように慎重に実施している」などの経験交流をしました。

取り組みの期間については、「大人は飽きるが子どもは飽きない。毎日続けていると子どもは見通しをもつようになる。子ども自ら新しい遊びに発展させることもある」との発言があり、子どもを主体として考えていくことが示唆されました。

親、特に母親の苦しみにどう応えていくかについても議論されました。

◎おわりに

共同研究者は、「医療が救った命をどう生かしていくかという人権の問題である。保護者が薄氷を踏む思いをして育ててきた子どもが安心して生活できる場をつくり、『人っていいな』と心地よさを感じる心が子どもたちの自己運動を育て、自分づくりを支援していくことになる」と、就学前の質の高い実践が求められること、医療現場と比較した学校教育の大切さを述べました。

現状では子どもたちに多様な場所が提供されています。子どもたちが自分を大切にして、健康で安心した青年期、成人期を迎える実践を多くの仲間とさらに深めていきましょう。

（文責　坂野幸江）

27　聴覚障害のある人たちの生活と発達

共同研究者　森原　都（滋賀）
司会者　天沼陽子（東京）
参加者　7名（ろう学校教員、元ろう学校教員、地方公務員）

◎はじめに

この分科会は、1976年の第10回大会に「ことばをもたない子どもの教育（聴覚障害）」として設立され、第42回大会に、ライフステージを貫く実践と課題「聴覚障害のある人たちの生活と発達」分科会に改編され継続されてきました。昨年度までは、ろう学校教員や作業所、保護者などからレポートが出されてきましたが、今回はレポートがありませんでした。

運営にあたって共同研究者として討議資料を準備しながらも、参加者の自己紹介に基づいて討議を進めることを確認して分科会を行いました。

◎自己紹介から

分科会開始時の参加者は６名。全員がろう学校の教員、元教員でした。一人ひとりの問題意識を中心に時間をかけて自己紹介をしました。

ろう学校では統廃合が進み、通常学校への就学が増えることで児童生徒の減少と指導形態の個別化が進んでいます。また人工内耳の装用が増え、「聞こえない・聞こえにくい」ことへの認識がしづらい子どもたちの比率も高くなっています。このような「障害認識」の現状や、生活上はさほどの支障がなくても学習言語に課題をもつ子どもたちの実態と具体的な取り組み・工夫や、日ごろの授業実践の悩みが出されました。また、保護者の送迎負担を軽減するために地域へ出向いて通級指導を行い、月１回子どもたちの交流の場を設け、先輩・保護者から学ぶ機会をつくっている取り組みも紹介されました。

その中で、今年度から高等部で重複障害生徒を担任している方から討議資料を提供していただくことになりました。

◎実践報告と討議の内容

重複障害（難聴・自閉スペクトラム症・知的障害）をもつＡさんのために新設されたコースで取り組んできた３ヵ月間が報告されました。報告者は、４年間の知的障害特別支援学校中学部での経験を経て初めて異動し、重複障害の生徒の担任をしながら教科指導も担当しています。Ａさんの実態と取り組みをもとに、ことばや集団での活動に関わって議論しました。

Ａさんは、指文字や手話で人名や生活に関わる単語を理解し、示されたイラストとひらがなのカードを選んだり、キャラクターやタレントの氏名を指文字で表現したりします。他方で、要求を表出することが少なく、休憩から授業への切り替えなども二者択一的に行われています。教育課程上も個別の対応が多く、仲間との関係やあこがれる存在も希薄です。課題の違いから組まれた教育課程とはいえ、同一学年での集団活動や、学部を超えた重複障害の集団で生活年齢に配慮した役割や取り組みが必要なのではないかと話し合いました。おとなとの１対１では想定できない関わりや表出があり、その表現（ことば）の意味をとらえることや、一見問題と思われている行動の中にあるねがいをつかみ、それを授業の中にどう位置づけ、取り組み、本人にふさわしい教育内容をつくっていくことが求められます。そのために、具体的にどのような取り組みをしていくのかなど、それぞれの経験をもとに意見を出し合いました。

このような討議を経て、ろう学校での実践が話せるつながりや場づくりにも話が進みました。この議論をきっかけに、今後近府県での日常的な実践交流の場づくりにも取り組んでいければと考えています。

◎討議資料に基づいて

午後は共同研究者から、聴覚障害のとらえ方や子どもたちの現状、初任から退職までに出会った子どもたちのようすと学んできたことを報告しました。キュードスピーチや概念構築法による３年保育を受けた子どもたちを小学部１年生で担当して以来の38年間のエピソードの中で、とりわけ言語指導に関わる歴史的な変遷は、若い参加者にとっては「昔話」のようにもとらえられたり、地域差があったりするものの、現在の学校でのようすと比較する材料にもなりました。

◎情報保障に関わって

後半は、来年度の北海道大会で情報保障を担当する方の参加もあり、情報保障について議論が深まりました。

大学でのノートテイクをきっかけにろう者と接点をもち、手話や情報保障に関わる問題意識を聴き、それぞれの経験に基づく意見を出し合いました。

特に、学校では「手話を」と言われるが、職場体験実習や社会では口話や筆談が求められる現実、手話を使わない人への「なぜ使わないのか、自分をわかってくれないのか」という当事者からの訴え、共通手話（日本語対応手話）では通じない日常生活でのコミュニケーションの実態、手話で表現することによって育つ豊かなイメージを充分に根づかせた上での学校教育（とりわけ国語教育）の課題など、多岐にわたる発言がありました。いずれも現状を多面的にとらえ、意見の違いを認め合いながら、学び合いながら、検討を深めていかなければならない課題だと考えます。

さらに、情報保障の際の話者と通訳者やスクリーンの位置、音声言語と手話のスピードの違いや通訳者の技術に関わる問題、原稿の事前準備など全体会で感じたことも出し合いました。

◎子どもたちの実態から

言語に関わる課題をもつ子どもたちが多いのが、ろう学校の実態です。「準ずる」教育課程の子どもたちも、教科書に書かれている言葉の意味を確認しながら授業を進めざるを得ない状況

です。具体的に見えないことがわかりにくい、イメージしたことが言語化できない、従来から「９・10歳のかべ」と言われてきた課題です。高学年になるにつれ、教科書の内容を伝えることに追われ、関係性を把握したり、理解を深めたりすることを保障することができなくなることがあります。個々の教科の教材研究や準備が求められます。生活面でも、現象はわかってもその理由や背景はわからないまま「知っている」を「わかった」と表現し、十分理解していないことがあります。「わかった」という内容を話す機会、子どもと関わって話し込んでいく関係性などをつくっていく課題があります。

◎今後にむけて

少人数ながら、若い参加者と経験者が実践や考えを交流できた分科会になりました。ろう学校での実践を交流できる機会が限られている現状があるので、特に若い参加者から、この分科会の継続と実践交流の希望が出されました。学齢期だけでなく、就学前から卒業後、日常の生活も含めたまるごとを知って実践を進めることが重要です。分科会の意義が再確認できたと思います。

同時に、レポート提出の有無が明らかになった時点での対応が不十分であったことを、分科会運営者として反省しています。

世代交代が進む中で、レポートの組織化、分科会参加者の継続は大きな課題です。今後の分科会構成も含め検討しなければならないと考えます。

（文責　森原　都）

分科会報告

28　知的障害のある人たちの生活と発達

共同研究者　髙橋　実（広島）
司会者　芝崎俊貴（埼玉）福島祥暁（奈良）
参加者　11人（教員、生活支援員、社会福祉法人理事、大学生、大学教員）

レポート
「Sさんのはたらくと勉強」　愛知　小林由佳

◎レポートの報告と検討

自立訓練事業所ふる〜るは、仲間とともに楽しみながらさまざまな活動を行い生活の場を広げる事業所です。将来的に「働くこと」を意識しながら他の障害者サービスの前段階として位置づけられています。「自ら決定する力」をつけることを目的として、２年間の活動を経てその人に合ったサービスへの移行を目指しています。

Ｓさんは特別支援学校卒業後２年目の20歳の女性です。自分で決めることが苦手で、「せんせい」「一緒にやってください」「できません」が口癖でした。「先生ではなく、苗字にさんをつけて呼んでください」と繰り返し伝えると「○○さん」と呼んでくれるようになってきました。

失敗を恐れ自分で決められないＳさんですが、これまで周りの人が先回りして自己選択をしなくてすんでいたようです。しかし、ふる〜るの取り組みでは作業や話し合いの中で自己選択・自己決定する機会を大切にしています。自分のやりたい作業を選択したり、話し合いで行きたい場所を出し合う場面で、時間はかかりましたが雑誌を見て希望を出せました。ある日は「トレーニングをしたい」と自分から希望を言いました。外食の取り組みでも、事前にメニューを伝え家族と相談して何を食べるか決めることから始め、２年目には自分でメニューを見て決められるようになってきました。このように小さいことの積み重ねの中で、少しずつ自己決定の力をはぐくんできました。

今後の進路について聞いたところ「勉強をしたい」という答えが返ってきました。ふる〜るで勉強しているけれど、「（お姉さんみたいに）大学で勉強したい」という気持ちが出てきたのではないか、将来の進路についても自己選択・決定ができるよう援助していきたいというレポートでした。

質疑のあと、「自分で決める」実践について参加者の経験を出し合いました。中学校の特別支援学級で、学習障害のため何ごとにも自信がなく、「先生やって」が口癖だった生徒が、丁寧な指導により、教師が手伝おうとすると「自分でやんなきゃ意味がない」と言うようになったと報告されました。また、できない経験を積んだために活動に入っていけない仲間に対して、障害者支援事業所で「うまく入らせる取り組みや手伝ってやった気にさせる取り組みはやめよう」と話し合い、活動に入っていけない状態を「周辺参加」と名付け、葛藤しながら自分で決めて参加できるように促していると報告がされました。

さらに、クッキングのような食べる楽しみがある活動の中で食材を具体的に決める取り組みや、マクドナルドのメニューのように写真入りで提示する取り組み、役割を与えて自分から友だちにいっしょにやるようお願いする場面をつくって主体的に活動に参加できる取り組みなど、具体的な実践例が出されました。

また、通常学級から移ってきた子が、特別支援学級で楽しい体験を積み重ね、自分に合わないものを「いやだ」と退けることができるまでに３年かかった例もあるとの意見が出されました。そして、レポート報告のＳさんも「自分は、働くのは早いと思います」と、やりたくないことをはっきりと意思表明できるようになったとみるべきではないかという意見が出されました。

また、Ｓさんの「勉強したい」ということばの背景には、頑張ることと休むことを気持ちを調整して切り替える力が育っていないことがあるのではないかと疑問が出され、連休中の過ごし方が確認されました。すると、ゴールデンウィークを楽しく過ごすため２回の日帰り旅行の計画を入れていたが、いつもとは違うメンバーで過ごす不安からか２日とも欠席したとのことでした。

成人期の障害者支援において、仕事の支援と生活や余暇の支援が大切であると確認されました。

◎討議から

午後からは、司会の芝崎さんから特別支援学校小学部での実践事例が出されました。感覚過敏のため集団に入りにくく、給食もいっさい食べなかったKくんに対し、まずは大好きな大人を支えに学校生活を送れるようにと、遊びを大切にして取り組んだとのことでした。自分で切り替える力をつけるため、ゆるやかな日課を組み、信頼できる大人とやりたいことをたっぷりやる中で満足して切り替えるようになり、給食も少しずつ食べられるようになったとのことでした。

同様の事例として、特別支援学校小学部で多動で走りまわる子に対し、教室に連れ戻すために追いかけるのではなく距離をおいて見守ったところ、自分から振り向いて待つようになった経験や、信頼関係ができてきたら逃げずに言うことを聞けるようになったという事例が出されました。

中学校の特別支援学級の教師からも３年間の仲間同士のやりとりのなかで、自分にできることとできないことがわかるよう支援し、葛藤しながら成長することが大切だとの意見も出されました。

一般就労している人たちの支援の課題として、稼いだお金を適切に使うために趣味をもつよう助言したり、異性との付き合いの相談に乗ったり、同年代の仲間との出会いの場を紹介したり、金銭管理の支援をしたりする中で、仕事・生活・余暇のすごし方を自分で決められるよう支援しているという事例が出されました。

さらに、参加者の事業所での余暇活動や旅行、クッキング、サークル活動などの実践を交流し合い、楽しい活動や交流の中で話し合ったり計画を立てて実行する経験が、主体的に自己決定できる力をはぐくむ上で重要であると確認しました。

次に言葉での表現が難しい人への支援について意見を出し合いました。絵や写真を使って説明したり、表情からくみ取ったり、字が読める人には文字で示したり、日ごろのようすから好きなことを職員や仲間が推し量り楽しいと思える体験を積み重ねるなど、事例が出されました。

小学部では、遊びや自分の着る服を選ぶことができるよう工夫したり、日直など選択肢のある役割を用意したりするといいのではないかという意見が出されました。また、授業や活動の中でもっとやりたいという願いが出るような楽しい活動を保障することが主体的な選択を引き出すのではないかという意見も出されました。

成人期の実践では、ファッションショーで舞台に立ち、観客から拍手喝采を浴びる活動がいちばん盛り上がったという報告がありました。

最後に、かかわりの難しい人への支援をみんなで考えました。言葉はあり友だちともかかわれるけれども、感情の起伏が大きく、不機嫌になると人に手が出たり壁に当たったり盗癖がある人。よくしゃべるけどどこまで理解できているかがよくわからない人。また、軽度の知的障害で通常学級で過ごしてきたがわかったふりをして切り抜けてきたことが多く、自分がわからないことを大人に言えるようになるまで時間をかけて支援する必要があったという経験が出されました。対応が難しい子どもや成人の場合、それまでの育ちや家族との関係や生活環境を調べ、医療的情報、発達検査の結果、一番好きなことなどの情報を集め、行動上の問題が出ている本当の原因を探って対応することが大切であるという意見が出されました。

共同研究者から、ライフサイクルを通して生活の中で自己決定する力をはぐくむためには、楽しい活動の中で遊びや活動を安心できる大人を支えにして選択し、満足できる達成感やもっとやりたいという意欲を育てていくことの大切さが、レポートや実践報告から学べたという指摘がありました。自信がなく、失敗を恐れて自分で決められない場合、まわりがお膳立てしてやらせたり無理強いするのではなく、見通しをもたせ時間をかけて自分で葛藤しながら決められる環境を保障することが大切であると、１日の議論を通して確認されました。　（文責　高橋　実）

分科会報告

29　肢体障害のある人たちの生活と発達

共同研究者　竹脇真悟（埼玉）原田文孝（兵庫）
司会者　松元　巌（東京）
参加者　17名（特別支援学校教員、医療型短期入所職員、施設介護職員、生活介護職員、学生）

レポート
「自分で確かめて作る」　埼玉　竹脇真悟
「自分の力で」　長野　横川しのぶ
「仕事のような遊びのような」兵庫　原田文孝
「視線入力を使ったひらがな学習の取り組み」
和歌山　角川知子

◎はじめに

横川さんが欠席だったため３本のレポート報告・討議を行いました。学齢期２本と青年期から１本の報告であり、障害の重い子どもや仲間について、①意思決定や意思表出をどのように育みコミュニケーションを拡げるのか、②作る活動をどのようにとらえるのか、③働くことをどのようにとらえるのかについて、ライフサイクルを踏まえ、じっくりと論議することができました。

◎レポート報告

原田レポート　2018年３月に開所した重度障害者通所事業所「さち」で、近隣の福祉施設へのビラ配り、職員の賄いづくり、「Ｅさんと○○券」など、障害の重い人にとっての仕事を工夫してきました。Ｅさんの仕事を通して、見通しや目標を共有し、仕事をすることそのものを目的としてもよいのではないかと、あらためて仕事のもつ共同性・協働性の大切さを見直したという報告でした。

角川レポート　中2女子Kさん、４歳ぐらいの認識があると思われ、理解言語はあるが筋緊張が強く、意思の表出が難しいとのこと。そのため視線入力装置を使って、主体的にコミュニケーションできるように学習を進めています。ディスプレイに映し出される写真に興味をもって見つめ、次第にひらがなにも視線を向けるようになりました。そして本人もひらがなを練習したがるようになりました。しかし１文字は理解できても２文字になると理解が難しい状況で、今後の学習の方向性を相談したいというレポートでした。

竹脇レポート　小学部高学年の「そざい」の授業を通して、障害の重い子どもにとって、手を使ってはたらきかけることの意味を考えたレポートでした。教員と一緒に動かすことで「○○したら○○」という関係をつかむことを大切にし、作品を作ることにこだわらず何をするのかを理解しながら進めました。作品に子どもの意図が込められるようになり、１週間後の授業でも自分の作品がわかったり、自分の作品を家の人にほめられるとうれしそうな顔になったりするなどの変化が見られました。支援を受けつつも、自分のイメージを体現できると実感していくことが大切なのではないかという実践でした。

◎討議から

・障害の重い人の労働について

原田さんは、障害の重い人の卒業後の施設を運営し、障害の重い人の労働をどのように考えるのか模索する中で、仕事を“共同作業”ととらえるようになったそうです。身体を動かすことはできないけれども、介助を受けながら、自分で目的を理解して見通しをもって取り組むことを大切にしました。賄いづくりでは、毎回何をどのように作っていくのかをあらかじめ確認してから始めています。仕事の前に理解することを大切にするからこそ、目標や見通しが共有しやすく、ただ手を動かされるのではなく、一緒に手を動かす中で自分が理解したことが目の前に実現していく過程を体験できるのではないでしょうか。本人ができたと実感するからこそ、終わったところで、もっとやりたいと目をくりくりとさせて伝えようとするのだということです。

成果主義的な賃金が当たり前となっている現在、一般的な仕事の概念からは、これらが仕事と認知されるのか疑問が出るでしょう。重い人の労働を考える時、遊びや生活ととられても不思議ではありません。現在、自立訓練事業を使った「学びの作業所」の取り組みが盛んになっていますが、これらは学びとしてもとらえられるのではないかという意見がありました。

今後も障害の重い人の労働をどのように考えるのか、他の実践報告も待ちながら、本分科会で継続して深めていきたいと思います。

・認識４歳程度の子どもへの文字指導について

認識４歳になると、理解言語が増加し、日常生活の中で、その子の意思表示がはっきりしてきます。さらにひらがな１文字ずつならば読むことができる文字がいくつかある場合もあります。そういった子どもを担任すると、文字が読めるようになるのではないかと文字指導に取り組むケースが多い状況があります。しかし実際に指導に取り組んでみると、１文字ずつならばわかる文字･読める文字が増えるものの、「む」「す」や「め」「あ」など似た文字の区別が難しかったり、さらに２文字に進もうとすると途端につまずいてしまったりします。これらの原因として考えられるのは、「だんだん大きく」という発達年齢５歳の系列化の認識が育たないと、音韻の抽出や音節分解ができないということです。通常の教育でも文字指導を行うのは、小学１年生になってからであり、幼児教育の段階では取り扱っていません。個別の指導計画で「できることを増やす」的な視点が強くなってしまうと、文字を覚えてコミュニケーション手段が広がることを求めがちになります。

４歳の段階では、文字が読めるという表に現れる力だけに注目するのではなく、ルールのある遊びがわかって勝ち負けを意識して行動したり、友だちと一緒に活動する中で「おもしろかったね」と共感し合うことで活動への積極性が増したりするなど、友だちとのかかわりが拡がる中で伝えたい思い（内面）を育んでいくことが大切です。絵本の取り組みでごっこ遊びを豊かにし、見立てる力、想像する力をじっくり育てる中で、伝えたい思いやイメージを共有することを大切に育てる時期なのではないかと話されました。

・障害の重い子の作品づくりについて

肢体不自由の子どもたちの授業においては、手の巧緻性を高めていこうとする思いが強くなり、どうしても子どもの手をとって動かしてあげて作品を作ることが多くなります。作品に子どもの意図がどのくらい入っているのか疑問に思うことも少なくありません。原田レポートとも通じますが、自分が関わる中でどんなことが起こるのかを理解できるように支援することで、作品を作る意味がわかるのではないでしょうか。また自分の力を対象化した物が作品という意識となり、それを他者から評価されるとさらに意識が深まります。子どもの視線ということも話題になり、子どもと一緒に作業するときに、何をしていくのかを理解するとあらかじめ視線を活動の先に動かすなど、予測しながら活動していることがわかります。自分では手を動かすことは困難でも、次に起こることを予測しながら作業する、つまり意図をもちつつ作業しているのです。「他者を使って、協力して作業する」ということです。

またわかるからこそ不安が増すこともあるので、過敏がある・目が見えない場合など、友だちがやるところを見て理解する時間を保障したり、一緒に行動しながら“10数えて終わり”などわかりやすくする手だてが必要です。「活動させなければならない」という思いが強くなると、活動する中で慣れさせる関わりになってしまうことにも注意が必要という意見もありました。

◎おわりに

来年度の新学習指導要領本格実施に向け、「何ができるようになるのか」が強調され、シラバスづくりも盛んになっています。大阪では、授業で40分かけて布団を敷く課題をさせ、一人で出すことができたなどと評価をしているとの報告がありました。多忙化が進み、できることの意味やその子にとっての生活の豊かさを、立ち止まって考える余裕がなくなってきています。今あらためて子どもを真ん中に授業づくりを仲間と創りあげる集団づくりが求められます。　　　（文責　竹脇真悟）

分科会報告

30　病弱などの人たちの生活と発達

共同研究者　栗山宣夫（群馬）
司会者　田中敏雄（埼玉）
参加者　参加者５名（教員、大学生）

◎はじめに

はじめに参加者全員から、自己紹介を兼ねながら、なぜこの分科会に参加したのか、大きな関心や現在取り組んでいることなどについて話していただきました。

◎当日の報告

当日、愛知の織原太郎さんから「日本における国立病院及び国立療育所の変遷・筋ジストロフィー病棟を中心に」の報告があり、その後、発表内容への質問及び各参加者の取り組みや関心事との関係から考えたことなどについて議論をおこないました。

・国立病院及び国立療養所がつくられていった経緯及びその後の変遷

傷痍軍人のための医療施設として、またその後結核に対応するための病院として設置、機能していたことがうかがえた。戦後になると、GHQからさまざまな指令が出され、その中でもPHW（公衆衛生福祉局）から出された指令は大きな改革をもたらすことになった。それまでは結核療養所としての機能が第一義であったが、BCGやストレプマイシンの開発・普及、GHQによる医療改革により結核患者の減少が見られるようになり、重症心身症児を受け入れる方向へと変化していった。1966年には重症心身症児病棟が10の療養所（八雲、西多賀、秋田、新潟、足利、下志津、長良、福井、松江、香川）に設置されている。

・親の会の活動と国立療養所西奈良病院重症心身障害児病棟（バンビ病棟）と筋ジストロフィー病棟（パンダ病棟）

1963年４月13日に「全国進行性萎縮児親の会」が結成され、それが基となりその後1964年３月15日に「全国進行性筋萎縮症児親の会（現在の日本筋ジストロフィー協会）」が結成されている。

会は当時の小林武治厚生大臣に陳情・要請をおこなった結果、その内容に即座に応える形で1964年５月６日に「進行性筋萎縮症対策要綱」が閣議決定されている。その内容は以下の通りである。

①収容及び治療について、各担当の施設は協力大学と連絡を密にして収容の患者の選定、治療方針の確定に遺憾なきようにするとともに学齢期にあるものに対しては教育の機会を与えることとする。

②本病院は病気、病勢によってはリハビリテーションの対象となるので該当患者には積極的にリハビリテーションサービスを行うこととする。

③研究は治療と同様に大学と積極的に推進することとする。

④医療費は国立療養所入所等取扱細則により保健健診時の100分の80とし、療育医療の適応については今後検討すること。

⑤親の会とは連絡を密にしてこれを育成すること。

1968年には「児童福祉法の一部を改正」が施行され同法第27条の２項及び第63条の２項により、筋ジストロフィー患児及び重症心身障害児が国立療養所に入所できるように及び場合によっては18歳以降であっても入所を延長できることが規定された。

このように病気の子どもをもつ親の会の運動により国がすばやく動き、閣議決定、法改正がおこなわれてことは注目に値する。

1968年に国立療養所西奈良病院に「重症心身障害児病棟（通称バンビ病棟）」が設置され、さらに1974年に同病院に「筋ジストロフィー病棟（通称パンダ病棟）が設置されたことも、この一連の流れと全国進行性筋萎縮症児親の会奈良支部の活動によるところが大きい。

・奈良県立七条養護学校の発足

1974年４月１日、国立療養所西奈良病院に入院をしている子どもたちを対象にした奈良県立七条養護学校が発足した。

筋ジストロフィーを含めた重症心身障害児、小児慢性疾患児に対する教育実践の工夫として、「閉回路システム（別称：CCTV）」と呼ばれるものがあった。教室に出てくることができない子どもに対しての対策として講じられた。病院内に学習棟を設け、七条養護学校とテレビを通して教育をおこなっていた。ただし当時の技術ではまだ双方向的なものではなく、映像が送られてくる一方通行的なものであったものと考えられる。しかし少しでも教育機会を保障しようとする試みがされていたことは特筆に値するのではないだろうか。

◎議論より

上記の歴史から現代の病弱教育に学べる部分はないか、検討をおこないました。

まずは、親の会の活動により国や行政を動かしていったという事実があることをあらためて認識しました。現在、病弱教育における大きな問題として高校生の学習機会が十分に保障されていないという問題があります。どれくらい、どの自治体で、どの病院で保障されていないのかという実態把握をおこなう必要がありますが、学校や教育委員会への調査では「高等部は設置していない」「学籍を置いている数のみの報告」となってしまうといいます。学びたいが高等部が院内に設置されていない、あるいは設置されているが退院後の復学の問題や単位認定等の問題を考えて学籍を移すことをためらい、結果的に教育機会を逸している高校生の実数が把握できません。

そこで今回の発表を聞き、がん等の難病により長期入院をしている子どもの親の会への調査協力を依頼することは有効な手段ではないかという意見が出されました。

次に「閉回路システム」という名称でテレビを用いて教室と病院をつないだ授業が1970年代にお

こなわれていたことは、現在、進められているICT機器による通信技術を用いた遠隔授業についてあらためて考える機会となりました。

民間のものも含めた通信教材の活用、通信の双方向的なやりとりの活用の有効性を感じるとともに、一方で対面でのサポートの必要性についても議論がされました。わからない事項についての個別的な対応及び心理的サポートという面のみならず学習以外の取り組みで子どもたちが心理的な支えをもつことも多くあることが経験豊富な元教員から語られました。そういった面まで全てをICTで代替えすることは難しいと考えます。あくまでも支援のひとつとしてICTを考えるべきではないでしょうか。

また新規採用の教員からは、特に「通常学級の進度に遅れないようにということばかりにとらわれてしまっている実践」にジレンマがあることが語られました。何をより重視したらよいのか、具体的な実践事例を通して検討されました。

（文責　栗山宣夫）

分科会報告

31　自閉症の人たちの生活と発達

共同研究者　別府　哲（岐阜）赤木和重（兵庫）
狗巻修司（奈良）
司会者　芝崎芽久実（埼玉）金澤園子（神奈川）
岡田徹也（滋賀）
参加者　33名（教員、保護者、作業所職員など）

レポート
「ホントはみんなと一緒にやりたい！」
埼玉　芝崎芽久実
「ことばの育ちを考える」　滋賀　岡田徹也
「子どものねがい・なやみから実践を創る」
京都　林　孝司

◎はじめに

本分科会は例年参加者が多く、分散会を設けていますが、今年は数年ぶりに分散会なしで、合同で一日学び合いました。

はじめに、共同研究者の赤木さんから本分科会で大切にしたい視点が話されました。

①今を充実させることが未来を拓く

先のことばかりを考えて今は辛くても力をつけさせるという視点での指導・支援ではなく、今の生活を豊かにするかかわり、実践をしていこう

②内面理解という視点

問題行動や否定的な感情の裏にある願い、悩み、哀しみをつかみ、かかわっていこう

また、討論では意見を一つにまとめたり到達点をつくったりすることが最終目標ではなく、いろいろな思いや意見を出し合いながら深める一日にしようということが確認されました。

◎芝崎レポート

特別支援学校小学部１年生のたーくんは、自閉症スペクトラムで新しい活動、みんなの前でやる活動が苦手。でも、みんなでやりたい、人とかかわりたい気持ちはもっているという教師の思いから、教材を工夫したり回数を重ねたりする中で、苦手な朝の会などの授業に参加できるようになった姿や、友だちとのかかわり方が変わってきたようすが報告されました。担任は、楽しく授業に向かえるように教材を彼が興味をもちやすいものに変えたり、思いを共有したりしながら、関係をじっくりと育んできました。毎日を過ごす中で自然とおもちゃや場を共有できるようになった友だちの存在があったことや、家でも両親にたくさんの発信を受け止めてもらっているからこそ、彼が共感的な言葉のやりとりができるのだということが出されました。

◎林レポート

人とのかかわり方や自分の気持ちの表し方が難しい中学校特別支援学級のＢくんの心の中に「ダイブ」して、言葉や行動の裏にある本当の思いや願いを受け止めて３年間ていねいにかかわってきたようすが動画や写真とともに報告されました。Ｂくんは２～３歳程度の発達で、大小や対の世界がわかってくる頃です。無理をさせれば表面的にはできるし頑張ってしまうけれども、本当は辛い思いをしていてそれがあとで爆発してしまうのです。そうではなく、主体的にやりたいと思ってやる活動こそ力になっていくのだということが確認されました。これは、芝崎レポートのたーくんにも当てはまることです。また、彼の世界に飛び込んで一緒に楽しんだり腹を立てたりすることは、まさに今を充実させることにつながるのだということ、実際に体を使ってできる活動（描画など）が増えたことが彼の自信と成長につながったことが語られました。

◎岡田レポート

小学部入学時は、やりたい気持ちの表出や人とかかわる様子が見られなかった特別支援学校小学部２年生の啓司くんが、彼の好きな電車の遊びや絵本をきっかけに大人との関係を築いていく中

で、授業で取り上げる絵本や題材が大好きになり、言葉も豊富になってきたようすが写真とともに報告されました。彼が日常の生活の中で好きになり、繰り返しやりとりをした言葉をキーワードとして授業に取り入れたところ、活動への向かい方が変わって生き生きと取り組むようになったことが語られました。日々のていねいなやりとりや遊びを積み重ねていく中で言葉の力がついてきたことに、改めてこの時期の遊びの大切さを確認しました。また、興味関心をうまく取り入れながら啓司くんのイメージを共有し、教材や授業に取り入れたことが成長に結びついたこと、そしてその成長には、子どもたちのことをのびのびと語り合える職員集団の存在が欠かせないことも語られました。

◎討論、情報交換

レポートは３本とも学齢期だったので、その後の討論では、成人期の自閉症の人たちとのかかわりについて主に２つの事例が出されました。

成育歴とも相まって二次障害を引き起こし、強度行動障害となって本人も周りも生きづらくなっている事例では、一緒に働く仲間や周りの人の役に立つことをしたり、楽しいことを支えに過ごしたりすることが大切であるという発言が出ました。共同研究者の別府さんから、本人の気持ちに寄り添っていていねいにかかわっている支援者との出会いと支援者が本人を見捨てないでいる今の状況が、本人自身を認めていることになるというまとめがありました。

「障害」の言葉を口にしたり、認めていると言ったりしているけれど、本当はとても悩み、葛藤している青年たちの事例もありました。別府さんから、当面の対処法はその会話を避けることではあるけれども、どこかで彼らの生い立ちをじっくりと何も言わずに聞くことで、自分を認めてくれた思いを感じることができるのはないか提案されました。

○最後に（共同研究者から）

次のようなポイントが話されました。

・レポートで見られた彼らの変化は、新しく獲得した力を発揮した姿とともに、もともと見せていた姿を、別の環境でも発揮できるようになった姿として捉えることもできる（ヨコの発達）。この視点を大切にしたい。

・自閉症の人たちの生活をどう充実させていくか。相棒、友だちの存在、仲間集団の必要性を再確認できる。

・問題行動に直面した時にはその対応に追われてしまうが、一対一の人として付き合うことが大切。彼らが感じていることに入っていこう。

・自閉症の人たちも本当は人とかかわりたい、認められたい気持ちをもっている、今回の３本のレポートとも、それを証明してくれるものだった。思いをわかってくれる人に出会うことで彼らは自分を認め、変わっていくことができる。

昨年も顔を合わせ討論をした参加者との懐かしい再会もありました。ライフステージ全般にわたり、自閉症の人たちとかかわるさまざまな立場から、思いや悩みを出し合い、お互いに元気が出る一日を過ごすことができました。　（文責　芝崎芽久実）

32　発達障害の人たちの生活と発達

共同研究者　二通　諭（北海道）髙橋　智（東京）
司会者　加藤　哲（愛知）
参加者　30名（教員、福祉施設職員、保護者、学生など）

レポート

「発達障害が疑われる学生への指導方法」　東京　豊吉泰典

「家族の関わりの変化がADHDを抱える子どもに与えた影響」　東京　小那木裕貴子

「『勉強してみようか…』」　愛知　加藤　哲

「簡単なのはやりたい、難しいのは少しずつやりたい」　愛知　山田康太

「私の学校　見晴台学園」　愛知　江川あすみ

「しっかり学んだら、次いこう！」　愛知　平子輝美・大竹みちよ

「発達障害児の心の内　」　大阪　熊本勝重

◎レポート報告の概要

豊吉レポート　医療系専門学校の学生Ａさんは、具合が悪くなった模擬患者に対して、状況に即した行動が取れません。病院実習では、積極性や熱心さは認められるものの、患者の疲労度や感情変化を捉えられず、自身の学習目的達成を最優先してコミュニケ―ションを図ったことから患者を立腹させました。他学生ともトラブルがみられます。その背景や原因を適切に理解できません。ただし、Ａさんは何事にも手抜きをせずにまじめに取り組むという点では折り紙付きです。Ａさんが活躍できる可能性があるのではないかとの思いから取り組まれた実践の中間報告的レポートです。

小那木レポート　ADHDを抱え、「長生きしたって何にもいいことなんかない」と悲観的な言動を繰り返す息子に対して、両親が専門家の力も借りながら見方を変え、通っている専門学校への休学を提案したところ、本人は今まで見たことのない安堵の表情を浮かべました。これを機に自己理解が進み、苦手なことへの対処や自己開示にも取り組むようになりました。本レポートには、「どうしたら普通になってくれるのかではなく、子どもを丸ごと受け入れること」という一節があります。「普通」という鋳型を基準に評価することへの戒めです。

加藤レポート　見晴台学園は1990年に開校した名古屋市にあるフリースクールです。見晴台学園には成績表なるものはありませんが、毎学期「評価票」（①文章で書く（生徒800字、教員600字、親500字程度）、②生徒・教員・親の三者でつくる、③内容は8割ほめる）を発行しています。「みんなで作る、みんなの学園」という学園の理念を具現化したものです。小中学校時代にできないことや苦手なことを押しつけられてきた生徒たちに、「一人ひとりの良いところをみつけ、励まし、自信を持たせる学園らしい評価を」と、初代学園長の田中良三さんが発案したものです。教育評価の本来のあり方は、学習や活動への意欲を喚起させるものです。具体例が紹介されました。

山田レポート　見晴台学園中等部・高等部生７名からなるクラスの実践。学年や経験にばらつきのある集団です。小学校時代を不登校で過ごしたＳさんは、休むことなく学園に通っています。小学校では経験できなかった同年代や先輩との交流が楽しいようです。いくつかの授業を体験した後の聞き取りでは、「簡単なのはやりたい、難しいのは少しずつやりたい」と答えてくれました。苦手なこと、わからないことが多くても、学習への意欲を失っていません。Ｓさんのペースを大切にしながら、Ｓさんにとって魅力的な授業とは、という問題意識から出発した報告です。

江川レポート　見晴台学園高等部専攻科１年生による見晴台学園論です。中等部と高等部があり、高等部は本科３年、専攻科２年、ゆっくり勉強できます。大きな取り組みとして「研究論文」があ

り、江川さん自身、水族館をテーマに論文を書くために全国の水族館を訪れ、資料を収集しています。学園のよいところとして、〈友だちと仲よくできる〉ことを挙げています。「私は、入学する前、自分から人に話しかけることが苦手でした。でも、学園では、自分から話しかけることができるようになりました。学年やクラスを越えて、いろいろな人と仲よくなれます。自分から話せるようになった理由を自分なりに考えてみたのですが、学園では、私が話していることを友だちが理解してくれるからだと思います。私が意見を言うと、友だちはちゃんと聞いてくれます。私も友だちの意見を聞くようにしています。それで、ますます仲よくなれるのだと思います」。人と仲よくなるための条件を、自身の経験から見事に析出しています。

平子・大竹レポート　18歳人口の２人に１人が４年制大学に進学する今日の状況をふまえ、発達障害の青年たちも青春を謳歌し、自分らしく豊かな人生を送るための学びの場が保障されるべきとの考えから、2013年10月、見晴台学園大学が開校しました。当初は２年修業期間を、ゆっくり学ぶ時間を保障するために４年にしました。今年度初めて4学年が揃ったことから、４年生の卒業後の進路の支援が課題としてせり上がってきました。社会への移行支援は大学の重要な課題です。「在学中は大学のことで精いっぱい」「卒業してからゆっくり就職活動をしたい」という一期生・二期生（２年在籍）の要望を受けて、卒業後も大学に軸足を置きながら進路を探せるように研究生制度を設けました。これは、講義参加、研究、就活の３課題に取り組むシステムです。３年２ヵ月を経てホテル清掃の仕事に就く学生もいれば、０ヵ月で高齢者施設の仕事に就く学生もいます。見晴台学園大学では、〈卒業＝就職〉とは考えず、学生それぞれのペースで考え、自分の道を切り拓くことをサポートしています。

熊本レポート　教育相談をしている立場から、息苦しさを抱える子どもと、学校、家庭の課題について考察した報告です。相談件数の半数以上が不登校・行きしぶり。その背景には、「みんなと同じように」から始まる不安と不合理があり、「みんなの中に入れていればいい」という考えがあり、「させる」ことが中心になっている学校と家庭があると指摘しています。特別扱いすることは差別を生み出す、という論法から「配慮」がなされない場合もあるとのこと。本報告は、向かい風的な状況であっても、それに対峙しながら、強い不安感をもつ小学校高学年児童の「不安克服」の実践事例として貴重です。

◎討論から

発達障害とは発達に凸凹がある状態でもあることから、〈向いている仕事、向いていない仕事〉があるという議論があります。本人や家族が向いているとは思われない仕事を希望している場合、支援にあたる実践者は、どのように対応すべきかについて話し合われました。夢の実現に向かって可能な限り伴走する方向、学内演習、現場実習等の結果をもとによりよい進路を共に考えていくという二つの方向が示されました。

「普通」という鋳型を基準に、本人および周囲が至らなさを責める傾向があります。「普通になる」という価値観は、時に苦しみの根源になります。共同研究者から、「普通」をいったん脇に置いて、人格発達をめざす取り組みによって、個性的なその人らしさが発揮され、結果として「普通」をも超えていく〈豊かさと可能性〉についての論点提供がありました。

顕著な課題先送り傾向がある娘さんへの対応に悩むお母さんから切実な訴えがありました。娘さんなりに頑張っていても、いたらない点が多々目につくわけですから、お母さんからの「小言」が多くなります。否定語が嫌な娘さんはお母さんを避けようとします。さて、どうすべきか、という課題に対して、参加者からさまざまなアイデアが提供されました。

見晴台学園から４本のレポート報告がありましたが、共同研究者から、見晴台学園は良い意味で〈学校〉ではない、見晴台学園マジックというものがあって、子どもたちは半年で表情が変わるとの〈印象〉の披歴がありました。

来年の北海道大会で会いましょうとの呼びかけをもって分科会を終えました。（文責　二通　諭）

分科会報告

33　精神障害のある人の生活と権利

共同研究者・司会者　峰島　厚（京都）
参加者　16名（当事者、家族、団体役員、福祉サービス職員、精神科病院看護師など）

レポート
「地域で自分たちらしく暮らしていきたい」
長野　大堀尚美

◎はじめに

参加者はいつものように多種多様でした。就労している当事者７名（うちNPO法人職員１名、福祉事業の当事者スタッフ６名）、家族１名、福祉事業所職員５名（うち法人の当事者役員１名、家族も１名）、訪問看護師１名、学生１名、研究者１名でした。当事者が８名と半数を占めました。地域では、１都２府５県と広範でしたが、開催地長野県から７名と多く参加していただきました。

◎参加者の期待と討議の柱

いつものように参加者の自己紹介と討議への期待にじっくり時間をとりました。参加者の半分は当事者で、今回の特徴は、当事者運動に参加し事業づくりにも参加し、今は当事者スタッフとして働いている参加者がありました。所得保障や地域の差別などの問題はありますが、当事者の多くは「十分とは言えないけれど現在の仕事や生活は充実している、しかし、今後はわからない…」と言います。他方、家族は引きこもり等の切迫した状況を抱え、福祉や医療施設の職員も問題的な行動等に少ない員数で対応しなければならないなど、切迫した課題を抱えていました。

共通する課題として、①地域住民や行政への理解促進。説明しがたい、わかりにくい「生活のしづらさ」を具体的に考えてみよう、②そのうえで障害があっても合理的配慮があれば同じように暮らすことができる。そのための場づくりやそのあり方を考えてみよう、をあげました。そして、切迫した事態に面したときを取り上げ、それを経てきた人たちにとっては「何であったのか」と話し合いました。

◎レポート報告の概要

大堀さんはNPO法人ポプラの会事務局長、きょうされん理事を務めています。2014年に長野市精神障害「当事者ポプラの会」を発足し、2017年にはNPO法人格を得て地域活動支援センター・ポプラを当事者スタッフで運営、現在は日中の居場所、相談支援、交流の場となり、さらに施策提言・要望などの社会的な運動、啓蒙活動、ピアサポート等の多様な活動をしています。

「精神障害者のリカバリー（回復）は、人との支え合いが鍵、周りの人との関係性が生きづらさを軽減する」という理念で、「当事者が支援者と連携し」「会員や地域住民に支えられ関係団体と連携して当事者会としての運動」をつくってきています。そして「権利意識は学ぶことによってもつことができる」と、学習運動も重視しています。当日はこうした取り組みに参加してきて「今は充実している」人たちが語ってくれました。

◎討論の内容

①生活のしづらさ・問題的な行動をどう見るか

福祉事業の職員から、作業には参加するけれどもちょっとしたことでカッとなって手が出てしまう、気にかかる人に対して流れに関係なく手が出てしまう人がいる。落ち着かせて話すと「わかった」と謝るのですが、それの繰り返し。問題的行動に何が背景にあるのか、どんな意味があるのか、つかみがたいという悩みが出されました。

同じような時期を経てきたであろう当事者にとってはどうであったのか、と話し合いました。

問題的行動が外に向かう人もいれば、内に向かう人もおり、現れ方は多様ですが、こうした時期はみな経験があるようです。今も引きずっている人もいました。「しんどかった」「つらかった」のは過去ではなく「今もある」でした。その時期を通過する、波が来たら乗ってやりすごす、と言ってよいでしょう。それまでの生きづらさによる「ストレスの発散」という人もいました。

問題的な行動がずっと続くと考える必要はなさそうです。その背景に新たな展開に向けた葛藤がある場合もあり、その過程での支援者とのつながりがその後の自分を決めた、という人もいました。他方、「そういった時もあった」「いつの間にか落ち着いた」という人もいました。

生活のしづらさの説明しがたさがよくわかる話し合いでした。場合によっては、たっぷりと発散させるという対応も考えられます。個別の状況によってさまざまでしょうが、このことはさらに深めていく課題でしょう。

②引きこもり者の支援のあり方

家族から「ずっと引きこもっている。働かないでも誰かとどこかとつながってほしい」と切実な思いが語られました。いわゆる引きこもりは生活のしづらさの一つの現れ、問題的な行動です。NPO法人ポプラの会でも今後の重要な活動の課題の一つにしていました。障害があっても合理的配慮がなされて同じように暮らしていける場づくり、支援のあり方についても話し合いました。

ここでも引きこもり等の経験者たちが、どうやってそこから脱出してきたのかを語ってくれました。いろいろ努力をしてこれならばできると調整して試み、それでもだめだったと自信を失い自尊心を失って挫折、やる気を失って、引きこもりに至った過程が語られました。それだけに「無理に外へ出してもうまくいかない」という意見は家族と同じでした。では何が契機になって、自ら引きこもりから脱出していったのでしょうか。「グループホームの世話人に、作業所に行ったらどうかと、ポンと背中を押された。次の日に作業所が決まってもいないのに原付を買って…」「周りからはバイトも無理と言われ、自分でも無理だと思っていた。でも知人の知人からバイトに来ないかと言われて、突然にやる気になった」「懸賞に応募をしていたがどんどん高価なものに当たりだし、ついには車が当たった。次の日から車を使って配達事業を始めた」など経験が語られました。ある当事者は「今は充電期間と考えている。家族だけだと情報もなく本当に孤立してしまう。ここへ刺激や情報を探しにきた」と語ってくれました。

何とかならないのか、と切実に悩む家族にとっては、煮えきれない経験談であったようです。しかし、終了後、当事者から「分科会に参加して安心した」という声が共同研究者に寄せられました。うまくいかないときは誰にもある、くじけることも、もうダメと思ってしまうこともあるが、また充電していけばよいのでしょう。何が原因か、どうすると改善するか、徐々にすすめるとはどうすることかなど、考えることは多くありますが、どうもこうした検討をするよりも、充電に付き合い、青信号になるのを待つのがよいようです。さらに検討すべき課題でしょう。

NPO法人ポプラの会は、本人が自分らしい選択をできるように多様な取り組みをすること、そして“情報が家族からだけ”とならないように情報を提供することが大事と提起されました。居場所づくりの取り組みも、楽しみや聞く・話す、食べる等のプログラムを設定したもの、あらかじめ定まったプログラムを用意せずその場で形づくるもの、さらに働きかけをしないでみんなが待つ場、など多様です。自分らしくなる段階もそれぞれに異なります。自分らしい居場所を選べることがポイントのようでした。

（文責　峰島　厚）

34　障害のある人の性と生

共同研究者　木全和巳（愛知）
司会者　河村あゆみ（岐阜）
参加者　30名（施設職員15、特別支援学校等教員・元教員7、放課後児童4、保護者１、学生3など。「重複」あり）

レポート
「長野のささやかな性教育実践」
長野　坂戸千明
「こころとからだの学習」　長野　中澤桃子
「生活の場面での性」　東京　髙木ひろかず

◎はじめに

はじめに司会者の河村さんが、参加者の所属と分科会の進め方を確認した後、共同研究者の木全が、基調報告をしました。

基調報告では、「『優生思想』と向き合う性と生の学習と教育の実践」をテーマに、「『いのちの選別』と闘う〈性〉教育実践」を創造することを参加者に呼びかけました。このテーマは、今回の分科会だけではなくこれからも創造していくわたしたちの〈性〉教育実践をふりかえる時の大切な指標ともなることも確認しました。〈性〉は「セックス」ではなく「セクシュアリティ（性と生）」の意味で使っています。

「障がいのある人たちは子どもを産むべきではない」「生産性のない人間は生きていてもしかたがない」「精神障がい者は危険だから隔離しよう」という「優生思想」「社会防衛思想」が根深く巣くっています。障がいのある子どもたち、人たちの〈性〉の充実とは真っ向から対立する考え方です。手をつなぐ育成会は、過去に不妊手術を容認していた事実を認める検証結果をまとめ、意見表明を行いました（2018年12月10日）。「④障害者の性をめぐる問題をタブー視する風潮に対して、積極的に理解啓発を行っていきます。知的障害者の恋愛・結婚・出産・子育てに関して、その支援となる福祉サービスの充実を求めていきます。また、特に文部科学省には障害者への性教育の推進を求めるとともに、現在取り組みが進められている障害者の生涯学習の一環として性について学ぶ機会の創出を後押しするよう求めます」とあります。当然の内容ですが、当事者団体の声明であるだけにこの声明を活用して教育委員会との懇談などができ、意義深いと思います。

このように歴史をふりかえりながら「人間の尊厳」と「人間の権利」を守り発展させることの大切さが語られるようにもなってきたことを確認して、改めて、この分科会においても、「人間の尊厳」を擁護しつつ、本人、家族、支援者と共に〈性〉を学ぶことの意義を強調しました。

◎レポート・報告の内容

○坂戸さんは、再任用の教員として、新しく赴任した特別支援学校の小学部においても、〈性〉教育が必要だと考え、「こころとからだの学習」を提案します。「生命の誕生」「からだはわたしのもの」「男の子、女の子」「第二次性徴――排卵・月経・射精」という、坂戸さんからすれば極めてオーソドックスな内容です。その中に「セックス（性交）についての理解を図る」を入れ、『せっくすの絵本』（みずのつきこ）を用いようとしたところ、同僚から学習指導要領の「歯止め規定」（妊娠に至る経過は扱わない）を出され、紛糾します。ていねいに話し合いながら、一致点を見出して、できるところから実践をしていきました。すると子どもたちにも変化が生まれ、同僚たちにも少しずつ理解が広がっていきました。

この報告の質疑討論の中では、「職場における教員間の合意作り」が課題として出されました。

○中澤さんは、採用されて3年目の教員です。2018年の高等部の2年生を対象にした実践を報告しました。学年の分担ということで、はじめての〈性〉教育の取り組みです。特別支援学校では、職員集団によるチームでの実践であるために、同僚との合意作りは欠かせません。まだまだ経験も実践も不足しています。〈性〉教育に関しては、中堅、ベテランも同様の困難があることでしょうが、若手の中澤さんは、「こどもとおとな」という導入からはじまり、射精や月経、いのちの誕生、沐浴体験、わたしのはじまり、多様な性までの単元を実践していきます。毎回の授業のはじめに「サイコロゲーム」を導入するなどの子どもたちが参加しやすい工夫もしています。

中澤さんの実践で主に話し合われたのは、導入の教材として使われた「子どもの島－思春期の橋－おとなの島」でした。高等部でのふりかえりで自分を位置づける時の意味づけも含め、議論をすることができました。

○寄宿舎指導員の髙木さんに、思春期の子どもたちの実態と指導員としての関わりを事例を交えてていねいに報告していただきました。特に、学校の中で起きた妊娠の事例における教員集団の閉鎖的な対応と、子ども視点に立ち得ない「指導」の在り方、そして、何よりも、子どもたちが〈性〉を学んでいないための無知による行動の原因は、〈性〉を子どもたちと学び合わないおとなの側にあることが明らかになりました。こうした現実の中でも、寄宿舎という生活の場ならではのたとえば「自慰」の指導など、寄宿舎指導員による共感的な理解と関わりが子どもたちの〈性〉を育んでいることを確認できました。

◎話し合いの内容

おとなを支援している参加者も半数もいることも受けとめ、レポート報告も大切にしながらも、まずは、いま参加者たちが寄り添っている本人たちの〈性〉のリアルな現実とこうした現実に向き合っている支援者たちのこれもリアルな悩みをグループの中で出し合うことから始めました。

一度目のグループ討論で出された課題は、①職場での合意づくりと保護者の理解、②比較的知的に重い青年たちの「自慰」の対応と支援、③比較的知的に軽度の人たちの「性交」や「避妊」や「ポルノ」「風俗」への対応と支援などでした。

性交を繰り返す女性がどのグループホームからも拒否され、たらい回しにされている事例、筋ジスの青年からのいっしょにおしっこをしてほしいという要求がだんだんエスカレートしてペニスを触ってほしいと言う事例なども報告されました。教育現場では、〈性〉に対して管理的で抑圧的であるために、教員たちが子どもの実態や学びたい知りたい要求から教育実践を組み立てる困難さが、サービスが商品化された福祉現場では、人手不足や専門性のなさから、本人たちの〈性〉に向き合えていない現実が明らかになりました。

こうした現実にどのように向き合ったらよいのか、二度目のグループ討論をしました。

出された中で印象に残った言葉は、「立ち位置」をはっきりさせるです。具体的な実践である「手立て」を考える時には、当事者の「見立て」とともに、何よりも自分たちの立ち位置をしっかりと見極めることが大切だからです。

もう一つは、「納得」はできるけれど「実践」できないという言葉でした。ていねいな話し合いの中で話を聴いてもらい、いろいろと他の参加者の意見も聴いて、〈性〉の学びの大切さについては納得はできたけれど、いざ実践となるとハードルが高いということです。この壁をどう乗り越えるのかは、私たちの大きな課題です。

筋ジスの事例の悩みを出した青年支援者は、イヤなことはイヤと言ってよいと学んだと発言しました。地元の「街角の保健室」をしている退職ベテラン養護教諭が、「障がい児教育は教育の原点」であり学び直しをしたいと言われました。このような発言に希望が見つけることができました。

◎まとめ

機能障がいのある人たちも含めた「多様な性」を肯定的に受けとめることが求められる時代です。改めて「優生思想」「社会防衛思想」に打ち勝つような〈性〉教育実践の創造を呼びかけたいと思います。そのためには、〈性〉の学習や支援という実践を通して得られた本人たちの幸せに生きたいというねがいをきちんと受けとめ、紡いだ確かなことばである「思想」を当事者、家族、支援者たちとしっかりと共有していくことが大切だと考えます。　　　　　　（文責　木全和巳）

分科会報告

35　障害者運動

共同研究者　濵畑芳和（埼玉）家平　悟（東京）
塩見洋介（大阪）
司会者　小倉　崇（埼玉）
参加者　20名（障害当事者、医療・福祉従事者、団体職員、学生、職員など）

レポート
「優性思想がもたらしたもの」　長野　長﨑　勤
「続・障がいのある人も　お年寄りも　子どもたちも…みんな地域で生きている」　長野　仲村光子
「障害者・家族における防災意識に関する実態調査の経過報告」　滋賀　片山雅崇
「いのち輝いて」　広島　南家孝之

◎レポート報告

長﨑レポート　旧優生保護法による不妊手術の実態と、その優性思想の根深さと解消への困難さについての考察が発表されました。2018年９月までの調査で手術件数は25000件。この手術が厚生省の通知等によって推奨され、医療従事者や施設職員らも、当時の障害者支援の貧困さを背景に手術を求めていた実態が明らかになってきました。2019年４月に制定された被害者救済法も責任があいまいで貧弱（該当者への通知を行わず本人の申し出を５年間のみ受け付ける。一時金も少ない）です。長﨑さんは障害者雇用の虚偽報告等からも、“障害者が共に社会に生きる仲間である”という意識の希薄さがうかがわれると言います。社会的弱者を守ろうとする意識は、無意識に上から目線の“施し”へと変容しやすく、優性思想解消のためには「真の共生社会」のイメージを共有することから始める必要があります。障害をはじめ、違いのある人々が社会に生きています。そのことの気づきと内面の育ちこそが現代人に求められている、と長﨑さんは訴えました。

仲村レポート　2018年に続き、障害者はもちろん地域のお年寄りや子どもたちのよりどころとなる、ひろば「おいでなんしょ」の活動奮闘記の報告です。飯田市の３年間の助成が終了し、財政基盤を別に求めなければならない中で活動を続けています。農作業をはじめとする様々な活動の中で、学校卒業後の地域の障害者の居場所づくりや支援の在り方が課題として見えてきました。医療的ケアが必要な卒業生が、地域を離れ遠くの施設で生活していることも知ったといいます。今後の活動の課題として、学習の機会（障害者関係）、集まりの参加者を増やしていくこと、つながりを増やし太くする、財政難の解決をあげられました。終始笑顔が絶えない仲村さん。個別の事例の悩みも会場では打ち明けながら、「それでも楽しいからがんばれる」と締めくくりました。

片山レポート　片山さんからは滋賀肢体障害者の会「みずのわ」が行った「障害者・家族における防災意識に関する実態調査」報告がありました。「みずのわ」は障害者・家族が災害時に何に不安を感じ、何に困ると思っているのか、当事者と家族との両方にアンケートを行いました。現在は大学の教員に結果の分析を依頼し、最終報告書を作成中だといいます。会場からの「なぜこの調査を行ったのか」という質問に、「滋賀県には災害時要配慮者支援ネットワーク会議という組織があり、障害当事者団体だけでなく、行政や支援団体も加わっている。僕たちが“何ができるか”を考えた時に、まずネットワークの中に“本当に不安に思っている”ことを伝えることが当事者団体の役割だと思い取り組んだ。調査から市町村の災害時要援護者登録制度を知らない人も６割以上いることがわかった。この調査によって、行政等がもっと大きな規模で調査を行うきっかけになればと思っている」と、当事者団体としての役割や、今後の希望を片山さんは語りました。

南家レポート　広島からはインターネットラジオ～ゆめのたね～のパーソナリティー・ジェミニと

して活動している、南家さんからの報告がありました。南家さんは「いのち輝いてジェミニ」という番組で情報を発信しています。南家さん自身脳梗塞を患い、闘病の経験があります。学生時代から全障研とのつながりがあり、障害者登山の企画を継続してきました。ラジオとの出会いは、南家さんが障害者運動に取り組んでいく上で転機となったそうです。闘病経験もふくめて自分が経験し感じたことの中から、大切だと思う情報を発信しています。ラジオのホームページにはリスナーからのコメントが寄せられ、そこでまた新たな人とのつながりが生まれています。インターネットラジオという耳慣れないメディアについて、「聴き方は？」「放送時間に合わせないと聴けないのか？」「費用はどうなっているのか？」などの質問が出ると、南家さんは一つ一つ丁寧に答えながら「全国どこでも聴けるので、ぜひ一度聴いてみてほしい」と呼びかけました。

◎共同研究者から

午後の討論に入る前に共同研究者から情勢学習的な内容で話をしてもらいました。

家平さんからは参議院選挙を経て社会保障政策がどうなっていくかという話がありました。「わが事・丸ごと」や全世代型社会保障、働き方改革等の動きの中で社会保障の予算が削られていること。年金の負担を増やし支給額を減らす方向になっていること。国がより少ない人でできる介護・医療を目指していることなど。また、障害者施策では65歳問題を取り上げ、浅田訴訟の勝訴が各地の行政対応に影響を与えていることが報告されました。介護保険制度が悪くなると障害福祉の制度も悪くなるので、今後の運動のスタンスとして「障害者支援は障害サービスで」と訴えながら介護の充実を求めていくことが必要だとのことでした。

塩見さんからはレポートを踏まえ、意見表明や情報発信の方法について提起がありました。インターネットラジオや居場所づくり、アンケートなどの手法の展開があり、個人として団体としての発信力が問われているのではないか、との指摘です。またあいちトリエンナーレの「表現の不自由展・その後」中止を取り上げ、表現の自由が問われているといいます。背景には広く人々の「生きづらさ」があり満たされないものがある、その原因がポピュリズム的なものを生み出している、情報を発信し意見を表明して手をつなぎ合わせるような運動の展開が求められると話しました。

家平さんと塩見さんは共通して参議院選におけるれいわ新選組の躍進と、２人の重度障害者が議員に当選したことを興味深い事象としてあげました。それを受けて濵畑さんから状況の分析が話されました。濵畑さんによれば、れいわ新選組は候補者がすべて何らかの社会問題の当事者であり、選挙前はマスメディアから完全に無視されていました。それにもかかわらず支持を伸ばしたのは、ツイッター等を通してのつながりで組織に頼らず個人の支持を増やしていったことにあるといいます。つながりが情報網、シンクタンク、ブレインをつくっていった――運動のあり方として興味深く捉えられました。

◎討　論

討論ではれいわ新選組をどう捉えていくのかに焦点が当たりました。そこから意見表明・情報発信の方法、連携・連帯の仕方を学んでいく必要性を感じているといった意見が多かったようです。障害当事者だというだけでその議員を応援するのではなく、主張を吟味しつつしっかりと意見・要求を伝えていくことが大事でしょう。障害当事者がよほど勉強しないと難しい時代になってきた、という意見に共感する声が相次ぎました。

そのほか、それぞれの運動団体での活動の悩みを話されたり、その悩みにまた別の参加者がアドバイスをしたりする姿が見られ、あらためて意見交換の大切さが感じられました。

◎まとめ

入所施設の在り方、ロングショートの問題、65歳問題、障害者権利条約のパラレルレポートなど、運動が求められる場面で、実態を前にして対話し、要求の正当性を伝えること、対立の克服等、新たな運動の形づくりを提唱する声が聞かれました。それは優性思想や自己責任論から抜け出すための連帯への模索です。（文責　小倉　崇）

36　まちづくりとバリアフリー

共同研究者　市橋　博（東京）
司会者　河原　滋（奈良）
参加者　７名（元盲学校教員、視覚障害者、議員、福祉職員）

レポート
「長野市の生活から見えてきたこと」
長野　井上郁美（当日欠席）
「障害者・家族の立場から防災を考える」
長野　松丸道男

◎レポート報告

レポート提出者１名が欠席となり、発表は松丸さんだけとなりました。

松丸さんは、障害者の弟と高齢者を介護する立場です。地元千曲市で、障害者・高齢者を抱える家族に防災アンケートを実施しました。自身の家の裏が千曲川の土手で床下浸水の経験もあります。

アンケートを実施してわかったことは、①障害者・家族には地元の防災対策・情報が伝わっていない、②災害に対して多様な不安・心配・そしてあきらめをもっている、③福祉避難所に関して知っているのは１％のみ、ということでした。

そして、千曲市に対し、アンケートとシンポジウムを行った報告と提言を行いました。提言の内容は、①千曲市は「要援護者・家族向けの防災ガイドブック」を作成し、配布すること、②障害別の配慮を示したマニュアルも必要、③ふだんから、そして災害にも助け合える街づくりをすすめる。そのために、市民・ボランティア団体等の自主性を生かす場・交流拠点を整備し、ネットワークづくりができるように援助する、④千曲市内で要援護者に対する防災対応モデル区を設定して組織づくりをすすめる、でした。

そして、自治体には、①災害時要援護者名簿づくり、②支え合いマップづくり、③災害時個別支援計画づくりが義務化されているが、いずれも進んでおらず地域格差があるのが現状であるなどと報告がありました。

◎災害対策とまちづくり

報告を受けて討議に入りました。

兵庫からの視覚障害者の参加者は、避難所は視覚障害者とっては苦痛で、トイレに行くのにも便を踏んで移動しているという話を聞いた、と発言がありました。避難所については、一次避難所についても、通路を確保する、段ボールベッドの設置を早く行う、情報提供を早く正確に行うなど、これまでの体験と教訓を生かしていかなければならないと述べ、熊本地震では、学校の家庭科室や保健室を障害者や高齢者に解放したことも話されました。二次避難所については、どこが指定されているか知らされていない、数が少ない、整備されていないなどの話が出されました。特別支援学校の教諭より、自分の学校が指定されているかわからないが、保護者からは「この学校が避難所になればいい」という話もある、という発言がありました。

「災害時要援護者名簿づくり」は、個人情報保護との関係で課題があるが、案外「住民は協力的」だという発言が続きました。名簿があっても鍵のかかった金庫にしまってある、持っている民生委員が高齢で動けない、などの事例も出されました。名簿づくりと同時に、誰が持っているか、地域に活用する力があるかが問題だと話し合われました。自治会が十分機能していない地域も多く、それが防災対策にも大きく影響していることも聞きますが、そうした中で、団地の自治会で防災対策のための家族構成のアンケートを回したら全世帯の協力があった、との発言もありました。そして、若い人たちを含め自治会の活性化など地域の力を高め、協力体制をどのようにつくるかが課題だ、という流れになりました。この場合、「助け合い」「支え合い」の美名のもと、公的責任をさらに後退させる「我が事・丸ごと」とは違う、と話し合われました。防災対策も公的責任をはっきりさせることが必要です。

支え合いマップづくりも、当事者や地域の声を生かしてつくらなければ意味がない、上から目線で作成した間違いの事例がいくらでもある、と発言がありました。

「災害時個別支援計画」づくりが国によって出されているが、なかなか進められていないのが現状です。相談支援専門員が作成する動きもありますが、的確な計画ができるか、費用はどうするのかなど課題はたくさんあります。その子どもの状況をよく知っている特別支援学校の担任が作成するのはどうか、という発言もありました。数年前のこの分科会で、洪水で停電し道路も閉ざされ、呼吸器を付けた重症児に発電機を届けるのにたいへんだった、というレポート発表もありました。計画づくりも災害時だけでなく、事前の個別準備、事後の対策も必要、と話し合われました。

このように防災について、幅広く話し合われましたが、まだまだ課題がありそうです。

◎オリンピック・パラリンピックとまちづくり

東京の市橋から、オリンピック・パラリンピックに向けてのまちづくりの現状について報告しました。まず、オリンピック・パラリンピックは平和と人権の祭典であることを認識してほしいと述べました。現状はメダルをいくつ取れるかが話題の中心になり、商業主義に走り、オリンピック憲章を読んでない大臣が現れる、という問題山積の状況です。そんな中でも、国際パラリンピック基準というものがあり、競技場や周辺のまちづくりの基準が示されています。まちづくりは人権と感じさせる部分も多くあります。市橋も検討会に入り意見を述べ、車椅子使用者席、トイレ、更衣室、周辺駅などの改善をしてきました。課題はたくさん残りましたが、国際パラリンピック基準を今後のまちづくりに生かすことが重要、と報告しました。

青森の参加者より「車いすでの移動について、

もっと情報交換があったら」という発言がありました。司会者の河原さんから「まちづくり分科会は、第６回仙台大会からもたれた。バリアフリー情報の交換、運動の報告をしてきた。歩道と車道の段差２㎝問題、歩道上の障害物問題、車いすで利用できる飲食店やトイレの問題などの情報交換をしてきた」と報告がありました。

共同研究者からは「肢体障害者の運動では、鉄道のホームと車両の段差をなくしてほしい、という切実な要求がある。しかし2013年の青森での全国大会で、車内の段差がなくなったら雪が吹き込む、という発言を聞いて、情報を集めて総合的に判断しなければならないと思った」という発言がありました。兵庫からの視覚障害者の参加者は「電車のドアが手動式になっているとボタンを押さなければならないが、どこにあるのかわからない」という発言もありました。

その他、「視覚障害者の転落事故が全国で起きている。横断歩道のエスコートゾーンの設置を早く広げなければならない」「駅や高速道路のサービスエリアなど公共施設の多目的トイレは水洗ボタン・ペーパーホルダー・非常ボタンの位置を60㎠くらいの範囲にするよう統一してほしい」「コンビニエンスストアなどでは外国人の店員さんが増えて、商品名やこちらの言うことがわからない。こうした場合はっきりと言ったほうがよい」などの実例を示した発言がありました。会場ボランティアの学生からは「防災問題で勉強になりました」という感想もありました。

（文責　市橋　博）

37　親、きょうだい、家族

共同研究者　佐々木美智子（鹿児島）
司会者　軽部誠一（神奈川）
参加者　23名（保護者7、兄弟姉妹7、家族3、支援者・研究者6〈重複あり〉）

レポート
「ある日、突然、母親が動けなくなった！　我が家の場合」　神奈川　岡本美知子
「息子の実例にみる『特別支援学級』をとりまく課題」　愛知　平松和弘
「兄に見せたい景色」　愛知　近藤眞美
「親子三代にわたる『障がい者』問題」　鹿児島　佐々木美智子

◎はじめに

今回は23名の参加者でした。親・「きょうだい」・支援者などさまざまな立場の人たちが参加しました。継続して参加している人も何人かいて、再会と無事や近況を確かめ合えました。4本の多岐にわたるレポートがあり、残念ながらすべての参加者にじゅうぶんに話してもらうことはできませんでした。

しかし、「どの方の話も大変なのに、わかるからこそ笑えるところもあって、この分科会はとても全障研らしい、立場をこえて理解しあえてともに考えあえるよい会だった」というアンケートの声のように今年も「この分科会らしさ」は健在でした。

◎本人・家族を支えるにはチームが必要

この分科会では、親亡き後の事例や「成年後見」を中心にしたテーマで討議や情報交換をしてきました。

岡本さんのレポートは、母娘の二人暮らしで母が怪我で突然動けなくなった事例報告でした。突然の事態に今までの母子ともに日常生活を維持していくために、これまで築き上げた公的・私的なネットワークをフル活用して緊急事態を切り抜けたまさに「実践」でした。「エコマップ」には本人をとりまく14の関連図が描かれています。こうしたチームづくりの必要性は、これまでも分科会で確認してきました。

しかし、岡本さん自身が言うように「たまたま口は元気」な状況、すなわちたまたまコーディネートを母ができたということが幸いだったことも事実でした。またサービス利用はあくまで「計画通りの生活」になります。気軽に美容院に行ったり通院ができるのは、公的なサービスにはない、現状では「私的なつながり」の部分です。緊急事態に生活の質を維持することはまだまだ多くの課題があります。

◎「家族福祉」の転換を

共同研究者の佐々木さんのレポートは、すでに亡くなられた障害のある叔父をめぐる祖父母や父母兄弟もふくめた「家族三代」という視点で、歴史的な制約や地域の状況も考察しながらの、「家族にとっての障がい者問題」の報告でした。

障害をもつ人の存在が、父母・「きょうだい」の枠組みだけでない「ファミリーヒストリー」としてそれぞれの人たちに影響していることに触れられました。

さらに、佐々木さんは「障害者権利条約」にふれ、権利条約の「前文」、第23条「家庭及び家族の尊重」において、障害者の家族も守られる権利を有することが国際条約で述べられている重要性に触れ、家族福祉からの転換への根拠となる可能性に言及しました。今後の分科会でも「持つべき視点」として位置づけ、権利条約についての理解を深めていきましょう。

◎「つながり」をつくる実践・体制・信頼

平松さんのレポートでは、特別支援学級に通うわが子が、いろいろなストレスから不安定にな

り、小学校から親の付き添いを求められるようになったところから、保護者としてどのように子どもの「安心できる学校生活をつくるか」に取り組んだかの報告でした。保護者・親どうしの摩擦や親と教員との摩擦を解消し、関係者との話し合いや親睦会の開催、制度面の課題として教員配置などを調べ市教委に要求することなど「実践・体制・信頼」の３つのキーワードをもとに、父母どうし関係者どうしをつなぐ「つながり」をつくってきました。一方で、平松さんのおつれあいからは、懇談会などで矢面に立たされた母親の立場も本音で語られました。そんな本音があるところが、この分科会らしさです。

◎親亡き後の「きょうだい」

近藤さんのレポートは親亡き後の「きょうだい」の立場からのレポートでした。

近藤さんはまだお若いですが、高校生の時に母を亡くしました。「親亡き後」というと中高年の「きょうだい」のことを考えがちですが、若い時に「親亡き後」がはじまった「きょうだい」のレポートは初めてでした。自閉症の兄の心の動きに思いを寄せ、デイサービスのことや休日のお出かけのことなど丁寧にかつ愛情深く接する「きょうだい」の姿が生き生きと語られました。なかなか他者に心を開きにくいお兄さんではあるものの家族以外にも安心できる人がいることを知ってほしいという近藤さんの「ねがい」は参加者の心に残るものでした。

討論の中では、特に女性の「きょうだい」がいつの間にか「母親」の機能を担っているのではないかということが話題にのぼりました。兄弟姉妹それぞれの立場で、「きょうだい」に対する感じ方や実際に果たす役割も微妙に異なってくることも上げられました。いずれにしろ「きょうだいが自分の選択ができる」ことが大事なのです。そして、佐々木さんのいうところの「家族福祉からの転換」が求められています。

◎次は再来年

今年も「本音で語り、本質にせまる」ことができました。ここ数年、幼児期や学齢期の保護者の参加が少なくなっています。進行やレポートの傾向から「親亡き後」等が中心になっていることに起因しているかもしれません。その「成年後見人制度についての解説や学習」の要望も上がってきました。また「きょうだい」の集まりに関する情報交換の要望も上がってきました。テーマは際限なくあります。再来年の分科会でお会いしましょう。

（文責　軽部誠一）

特別分科会１　養護学校義務制40年を考える

共同研究者・司会者　中村尚子（埼玉）
参加者　12名（学校教職員、家族、放課後デイ職員など）

レポート
「いとこの俊くんのこと」　　愛知　渡辺志織

◎はじめに

養護学校義務制が始まった1979年から40年が経過したことを契機にして、障害児教育のこれまでとこれからを話し合う特別分科会として開催されました。

戦後、憲法・教育基本法のもと、「すべて」の国民に教育権が保障される新制度で学校教育が始まったものの、障害児の教育は後回しにされつづけてきました。養護学校を建設する都道府県の義務が先送りにされたのです。就学猶予･免除を強いられ学校から排除されていた子どもたちの実態調査、また人間発達や教育権の理論に関する研究と結んで、義務制実施の要求運動が全国に展開されました。養護学校義務制は、通常学校の教育との平等をきずく制度のスタートラインでした。義務制実施で蓄えた力を基礎に、この40年間に発展してきたこと、課題になっていることなどを話し合うことをねらいとして、分科会基調が報告されました。

◎レポートの概要

レポーターの渡辺さんは放課後等デイサービスの職員です。全障研の学習会などで障害児の教育権保障の歴史や運動を学ぶ中で、障害のある「いとこの俊くん」がまさにその歴史を生きてきたことに気づきました。「少しだけしか話せないことも、足を引きずることも」不思議に感じることなく、ただ「いとこのお兄さん」と思っていた幼いころ。しかし就学猶予で小学校には通わないまま在宅生活を送り、養護学校義務制によって中学から学校に。ときどきの家族のようすなどにもふれつつ報告されました。現在、放課後活動の仕事のなかで出会う子どもは、たしかに毎日学校に行っているけれど、たとえば医療的ケアがあると少し前までは学校に行けなかったし、さまざまな制限があります。「少し前まで全くあたりまえでなかったということが、どうやってあたりまえになってきたのかということをきちんと考え、覚えておかなければ」「職場の後輩や次の世代の人に伝えいかなければ思います」と結びました。

◎各地の歴史や課題

８道府県からの参加があったので、各地の歴史や実態を出し合いました。

義務制実施の年に教員になった参加者は、「教員人生は義務制とともにあった」と言い、不就学をなくす運動の意義を若い人に伝えていきたいと発言、特に義務制を実現する運動をすすめる上で、京都の与謝の海養護学校づくりに「子どもを真ん中にして」ものを考えることの大切さを学んだといいます。義務制２年後に教員になったという参加者は、当時、障害の重い子どもを前に教育の中身をどうつくっていくのかを話し合ったけれど、いま学校では文書作りなどに追われ、子どものことを話す時間があまりにも少なくなっているのではないかと疑問を投げかけました。

国立療養所の入所児に対する職員の教育的取り組みから学級や分教室、養護学校へと発展し、年齢超過者の高等部教育も実施されてきたけれど、現在「過大化」問題を抱えている（秋田）、1990年代に親と教職員が力を合わせて高等部増設を実現してきたが親との話し合いが難しい時代になっていることを実感する（北海道）など、義務制後の課題についての発言が相次ぎました。京都から参加した若い教員も、与謝の海の学校づくりなど歴史とそこにあった核となる考え方を学ぶことが必要だと実感している一方、現在の教員間の話し合いの困難さについても話しました。

全障研だけでなく、さまざまな機会に、各地の現状や運動の交流をすることが大事なことであると確認しました。

◎発展してきたからこそ見えてきた課題

レポーターの渡辺さんの放課後デイは、重症心身障害児を受け入れており、医療的ケアが必要な子どもを支援しています。医療的ケア児は就学が保障されるようになったとはいえ、訪問教育となっている地域も多いのが現状です。放課後活動の場では、通学時の保護者送迎や校内の「保護者待機」などがあって、「学校に行けるようになってはいるけれど、それだけでよいのか」という保護者の声に耳を傾けてきました。

学校での医療的ケア実施に欠かせない看護師配置について、参加者の地域における現状を出しあいましたが、自治体による違いが存在していました。通学手段もスクールバスに乗れないことが一般的です。教育権保障という考え方の土台の上に医療的ケア児の就学が実現したわけですが、新たな課題が広がっています。

義務制実施の後、後期中等教育への進学があたりまえになったことはだれもがうなづくことですが、高等部の生徒数は増えつづけています。一般の高校の中に知的障害児の高等部分教室を安上がりに開設することでよしとしている（愛知）など、障害児が後回し、低水準に置かれている実態が語られました。

高等部だけでなく、特別支援学校全体の児童生徒数が増え、「過大・過密」といわれる状態が常態化しています。新規増設された特別支援学校も廃校になった通常学校の転用で建物のバリアフリーが不十分、普通教室不足など通常の学校ではありえない事態が生じていますが、すでにこれが「あたりまえ」という感覚さえ漂いかねないといいます。討論では「トイレ難民」という言葉が普通に使われているという発言がありました。人手の都合もあって休み時間ではトイレが間に合いませんので列ができる。教室の隅を仕切って便所にするなどなど。体育館やプールなどの利用も確保することが困難で、開校当初に想定されていた使用回数などは論外になり、教育内容に影響しているという現実に、参加者のほとんどがうなづいていました。まさに人権侵害といえる実態が広がっています。

また、保育や療育にかかわってきた参加者からは、発達障害などの「軽い」とみなされがちな子どもと親への支援がまだまだ不足しているという指摘がありました。

◎平等に生きること

分科会で通して話し合われたことは、「あたりまえ」についてです。養護学校義務制以前、学校に行けないことがあたりまえだった状態をみんなで一歩一歩変えてきて、いま、学校に行くことがあたりまえになりました。しかし、医療的ケアにしても、学びにふさわしい学校のあり方にしても、いろいろなことにがまんさせられたり、平等ではないと感じたりしながらの障害児教育になっていないかということです。

そこで『レポート集』に収録されている障害者権利条約に関する国内障害者団体（ＪＤＦ）「パラレルレポート」の教育の部分を素材にして討論しました。パラレポには権利条約が掲げる教育の権利にたいして、それを保障する国の義務が書かれています。分科会で発言されたような子どもの人権を侵すような実態は、権利条約にある「他の者との平等」の実現にむけて解決すべき課題としてみていくことが必要であると思われます。

レポーターの渡辺さんは「今はまだあたりまえではないことを、本当にあたりまえになるようにしたい」と述べています。教職員や保護者が「なんかへんだな」という思いを要求に束ねていく運動が求められています。「昔と同じように」ではなく、みんなの思いを権利としてとらえて取り組みを進めていきたいという発言がつづきました。義務制から40年のいま、子どもの権利を保障する教育となっているかを検証した分科会でした。

（文責　中村尚子）

分科会報告

特別分科会２　発達保障をめざす相談活動

共同研究者　池添　素（京都）
司会者　寺田有紀（北海道）
参加者　18名（相談支援専門員、保育士、教員など）

◎はじめに

３回目の開催となった「相談活動」の特別分科会。ここでは国の施策としての計画相談支援に狭くとらえるのではなく、全障研としてかねてより大事にしてきた相談活動全般を視野に入れています。相談者の年齢を問わず、本人の生活上の困難だけではなく家族のねがいや困りごとについて一緒に考えていくことを積み重ね、保護者と子どもが向き合えるような専門性について共有しています。また「相談」という言葉を使っても日々の実践の内容はさまざまであり、現状がもっと良くなるために「こうだったらいいな」という提案などを交え、発達を保障することの大切さなどについても議論していく分科会です。

毎年、参加者が大事にしている思いや各地域における取り組みについて意見交換しています。前回は自己紹介でさまざまな地域性や各地域・事業所による課題がみられ充実した時間となったこと、レポートがなかったことなどから、参加者一人ひとりに自己紹介をしながら、おのおのの地域での状況などを報告し合いました。

◎自己紹介と課題意識

13の地域から参加者がおり、各地域の状況を含めて自己紹介し合って、18名分のレポートをもとに濃密な意見交換を行ったかたちとなりました。

ケース数の多さなどのためにきめ細かな相談活動の難しさがあげられたほか、圏域ごとで地域の状況に沿った取り組みがなされているといった報告を受け、自治体による取り組み方の違いを共有しました。

毎年、地域によって支給決定プロセスや支給量が違うことは議論になりますが、一事業所で複数の市町村の対応をしている場合に、自治体による方針の違いによって混乱が生じており、転居などの際には利用者側の混乱にもつながっている現状に大きな共感が集まりました。

「相談」には、さまざまな視点・かかわりが求められていることを再認識し、その幅広さに対応する専門性について考える場でもありました。兼務をしながら「相談」と「支援」の専門性を高めるための自己研鑽も必要となるほか、社会情勢に即し、引きこもりの支援など、求められる専門性は広がる一方です。相談支援専門員の中には、担当する利用者数が100名を超えるという声もあり、基本相談を丁寧に積み重ねていくことが大事だとわかっていても、十分な時間を割けない実態の報告もありました。

分科会に参加した相談支援専門員の経験年数はさまざまでした。また、ほかの職種からも参加があり、幅広い視点での討議につながりました。教育現場からみると福祉の事業体系が複雑であるとの声もありました。地域のフォーマル・インフォーマルな社会資源を把握していくことが大事だとわかっていても、事業所・個人にもそれぞれの得意分野があり、困難さがあることも共有しました。

また、「実績（報酬）につながらないけれど大事な部分」があることが毎年議論になります。事務所を運営する立場にいる方から、一人ひとりの利用者に真摯に寄り添うために職員間の情報共有を行える時間を確保するなど、工夫について話され、理解ある運営者への羨望の声もありました。2018年度から各種加算は増えましたが、現段階で報酬に反映されていない多くのことこそが大切にしていきたい部分であり、もっと制度に反映されてもよい部分なのではないかとの意見もあがりました。

児童期に関わる参加者が多かったことから、障害児相談支援の在り方についても議論がありました。個別支援計画もあるなかで障害児支援に利用計画作成の必要があるのかといった思いや、保護者との関係づくりの重要性と難しさなどについて議論しました。特に、児童発達支援や放課後等デイサービス事業の市場化が進んでいるなか、相談談支援事業所においても契約者側がA事業所の使い勝手が悪いとB事業所に契約変更するといったことが散見されることがあげられました。保護者との寄り添い方や本人との関係づくりが障害児相談における核とも言えます。利用者本人が中高生となった際には、本人の気持ちの聞き取りや思いの把握も必要であり、子どもが自分の気持ちを安心して聞いてもらえると感じられる大人との関係づくりの必要性も共有しました。

◎まとめにかえて

「前回も参加しました」という参加者が多く、熱い議論ができました。各地域の状況を知ることで「我がまち」のとりくみについて振り返り、良いところを取り入れるための創意工夫をひろげ、先駆的な取り組みをより発展させていく力につながるものと考えます。

全国各地でそれぞれの「本当のねがい」は何かを模索しながら日々の活動にあたっている仲間たちの想いを聴きながら、自分のこれまでの活動は間違っていなかったのだ、と再確認して翌日からの活力とすることができました。

議論のまとめの中で「想像力」と「創造力」という言葉が出ました。どのライフステージに何が必要なのかなど、今だけを見るのではなく“これから”をイメージすること、支援の輪をクリエイトすることが大事であるという意味でこのふたつのキーワードはまさに「相談活動」において全障研が大切にしてきたものだといえます。

支援の質と経営の問題も議論の柱の一つでした。提出・保管が必要な書類が多いが事務量を軽減してほしい、報酬にならない部分への加算を検討してほしい、など、現状を嘆くだけではなく、より良いかたちにするための運動についても考えていく必要があります。

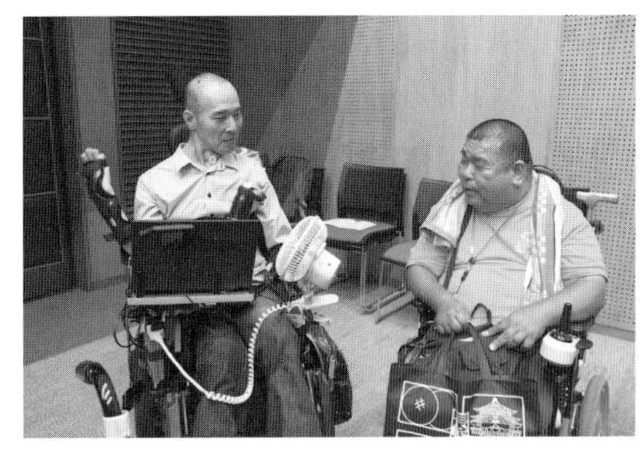

毎年の分科会の積み重ねを大切にしていると言いながら、2020年度の北海道での大会では相談活動についての分科会の開催がないことを心苦しく思います。2021年の静岡大会での再会（再開）を待ちわびているとの声と、相談活動の実践について語り合える場を必要としている仲間たちが全国にいることを励みにしながら、これからも日々の実践を積み重ねていきたいです。

（文責　寺田有紀）

分科会報告

特別分科会3　入所施設やグループホームなどの暮らしの場を考える

共同研究者　白沢　仁（東京）細野浩一（埼玉）
司会者　若山孝之（埼玉）
参加者　30名（家族、施設職員、教員、議員など）

レポート
「相談支援事業から暮らしの場を考える　続報」
埼玉　中山英和
「埼玉の暮らしの場を考える」埼玉　羽生田千草
「重度知的障害者を支援する世話人についての一考察」　千葉　佐藤弘江
「暮らしの場は今後どうあるべきなのか?!」
福井　川端幸代

◎はじめに

全障研の暮らしの場を考える特別分科会は、第49、50回全国大会での高齢障害者の暮らしの場での議論を踏まえ、2018年の第52回全国大会に引き継いで設けられました。

障害者の生活と権利を守る全国連絡協議会の運動の中で2016年には「全国障害児者の暮らしの場を考える会」が結成され、埼玉、大阪に続き、岡山、滋賀でも地域組織が結成され、さらに広がりをみせています。こうした運動の背景には、地域での生活を支える社会資源が圧倒的に不足し、多くの障害者の生活は家族介護に依存している現状があります。こうした現状も含め、2019年５月には障害者権利条約に関する日本障害フォーラムのパラレルレポートがまとまり、国連障害者権利委員会に提出されました。

本分科会では、暮らしの場をめぐっての各地の実態と運動を交流し、暮らしの場のあり方や運動の方向性、政策課題をさまざまな立場から深める場となりました。

◎一段と深刻さを増す地域の暮らし

埼玉・中山報告では相談支援センターの現場から、①学齢期から家族の養育困難になっても受け入れる児童養護施設が県内に２ヵ所しかなく、児童養護施設、自立支援施設から出て暮らす場がない、②成人期では、行動障害や重症心身障害、医療的ケアの必要なケースでは睡眠さえままならない介護に追われるなど、多くの高齢の親は疲れ切っている、③親が倒れるなどの緊急時にも短期入所すら県内では受け入れ先が見つけられない、④障害のある本人だけでなく、家族全体が貧困、疾病など困難を抱えているケースが増加しているなどの厳しい現実が報告されました。

こうした問題は年々深刻さを増しており、歴史的、構造的な問題としてとらえて、緊急時の対応も含め、暮らしの場の総合的な政策要求につなげていく必要があると訴えました。

◎暮らしの場を考える運動の広がり

埼玉・羽生田報告は、「埼玉暮らしの場を考える会」での法人・地域を越えた親たち、関係者の学習と運動がさらに広がり、川口市にみぬま福祉会で３ヵ所目となる入所施設「はれ」を含め、県内に新たに３ヵ所の入所施設が開設されたことが報告されました。

2018年秋の障害者まつりでは、地域、グループホーム、入所施設での暮らしを障害のある当事者本人から報告してもらうシンポジウムを開催し、2019年１月には県との懇談の場で、切実な実態を訴え、県単独補助を要求しました。さらに２月には佛教大学の田中智子さんを招いて「障害のある人の暮らす権利と家族への支援」と題した学習にとりくんできました。また、年８回の例会では川口市の単独型の短期入所施設でのとりくみなどを学び、①障害の重い人も暮らせるようグループホームへの県単独補助、②短期入所の施設を各福祉圏域に、③地域生活支援の拠点としての入所施設の役割と職員配置などの抜本的改善を求め、運動を進めてきました。

◎多様化する暮らしを支える現場から

今年の分科会には２つの現場からの報告がありました。

千葉の佐藤さんからは、運営するヒロイチホームで、入浴や食事などを拒否したり、人やものにあたるなどの行動障害のあるＡさんの支援を深めるために、世話人へのアンケートを行ったことが報告されました。アンケートの結果、世話人の中に、利用者を理解できず、混乱や恐怖、戸惑いがあったことがわかりました。そこで問題行動が起こるたびにミーティングを開き、そこで情報や支援について共有することで、安心感が生まれ、さらにどうしてこうした行動をするのか、行動の裏にどんな気持ちがあるのかわかろうとするようになりました。問題行動に気をとられ、感情的になっていたことを振り返り、機嫌よく好きなことをみつけ、肯定的な感情が生まれてきていることをとらえるというような、世話人自身の成長と支援を深めることにつながっています。

福井の川端さんからは、1956年に３人の障害のある仲間を受け止めて始まったハスの実の家の63年に及ぶ生活の拡大と街中への展開の歩みが報告されました。ハスの実の家は22年半の無認可時代を経て、1988年に入所更生施設を開設しました。「雑居」を強いられる施設の最低基準など制度の壁とたたかいながら、「自分たちの暮らしを自分たちで創ろう」と、街中に次々と「ホーム」を開設し、働く場と職住分離などに取り組んできました。そして、障害者自立支援法以降の制度移行を機に、2009年には入所施設を４つのユニットホームに転換して、すべてグループホームへ制度変更してきました。しかし、多様化するニーズにどう応えるか、新たな課題に直面しています。

課題の一つは、障害のある仲間たちの変化、多様化です。ホームに暮らす仲間の４分の３が重度障害で、かつ若年性認知症などを伴い、50代から高齢化が進行し、地域生活が困難なケースも増えてきています。二つには、９つのすべてのホームで夜間支援体制をとっているものの、慢性的な人手不足が続き、在宅サービスの併用なしには支えられない現状や土日の体制の困難など運営上の課題も大きくなってきています。三つには、生活単位が小規模にはなったものの、高齢者と行動障害のある仲間が同じホームで暮らしているなど、集団構成上の課題は解消しきれていません。ホームごとの集団的なとりくみが弱まっている、介護に追われ、その人らしい暮らしの保障が後回しになっているなど実践上の課題も報告されました。

◎「選べる暮らしの場」の実現にむけて

今大会の基調報告においても、「暮らしの場」を権利条約の視点で検討することが提起されました。中山報告でも明らかになったように、障害のある人の地域生活が家族介護によって支えられ、歴史的・構造的問題となっている現実をしっかり受け止め、家族依存を脱して社会的な介護に転換していくことが必要です。また、今回は、地域生活を支える拠点としての機能や役割をめざした入所施設の開設、単独型短期入所施設や障害の重い人のユニットホームなどのとりくみも報告されました。

家族と暮らしても、グループホームや入所施設でも、一人暮らしでも、自分らしい生活が築いていけるよう、圧倒的に不足している暮らしの場を質量ともに整備・拡充し、支援の内実を豊かにしていくために、具体的な政策提起も含め、引き続き全国的な運動へと広げていくことがが確認されました。

（文責　細野浩一）

特別分科会４　なかまの分科会

共同研究者
　司会者　原　徹也（長野）松澤重夫（長野）
参加者　40名（仲間13、サポーター、保護者など）

レポート
「僕は全障研が大好きです」　和歌山　兼本直幸
「リトルマーメイド」
岐阜 劇団そらまめ：松尾志保・神保圭佑・安藤 永
寸田純子・小倉壮広・緒方駿介

・発言
「暮らし、夢、将来」長野　川又密季・原　徹也
・スライド発表
「共同作業所がんばりやさんの紹介」
長野　小林雅哉

◎はじめに

なかまのみなさんに思いや願いなどを発表してもらい、また朗読劇などをとおして思いの表現をしてもらい、分科会の参加者みんなで思いを共有したい、自分の思いを誰かに聞いてほしいという願いを大切にしよう――そのように考えてこの分科会の内容を企画しました。

◎なかまたちの発表

最初に和歌山県から毎年、全障研の全国大会に参加されている、和歌山支部事務局次長の兼本さんより、「僕は全障研が大好きです」というレポート発表がありました。全障研に参加して出会った、さまざまな恩師、仲間などの出会い、大切な思いの発表をしました。

次に小林雅哉さんより、現在、働いている作業所での作業の様子の発表がありました。作業所でのお菓子作りの様子やリサイクル作業の様子などを写真などのスライドを交えて発表してくれました。仕事のやりがいや目標などの意見も出て、その意見に対して、みんなで、自分の作業所ではこういう作業をおこなっているなど、多くの意見が発表されました。

川又密季さんは「暮らしについて」ということで、自宅での生活の様子や、日中は作業所で働いていることや、グループホームなどの利用の発表をしてくれました。他の方からも、現在の暮らしで困っていることなどの意見が出ました。みんなで貴重な意見の共有ができました。

原徹也さんは「夢、将来について」ということを話してくれました。野球のDeNAベイスターズのファンで本拠地の横浜まで応援に行きたいという夢の話があり、岐阜からきていた参加者の方もDeNAファンだということが話に出てきて、多い

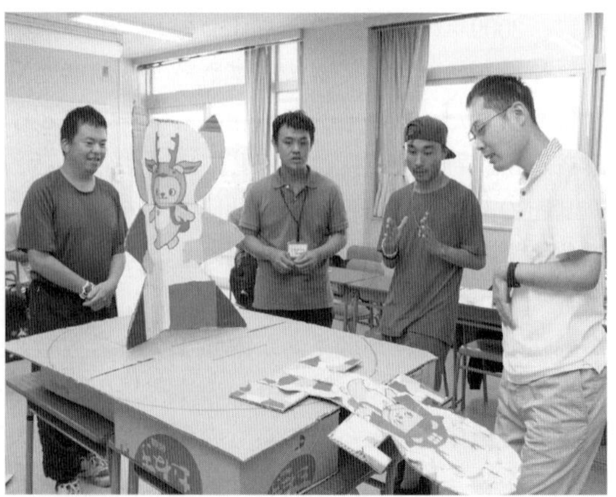

に盛り上がりました。恋愛の話や、将来の結婚についてなどの話も出ました。

劇団そらまめのみなさんは朗読劇の発表でした。「リトルマーメイド」のお話をメンバー6人の息の合ったやり取りでスライドを使いながら朗読してくださいました。朗読劇を通して、一人ひとり一生懸命に練習を行い、みなさんの前で発表して、自分たちの発表を声に出すことによって、自分たちの思いや声を誰かに意思表現する大切さ、難しさを発表してくれました。朗読が終わると、拍手がおこり、「よかった」「感動した」「違う作品も見てみたい」などの声が上がりました。

◎みんなでレクリエーション

みなさんの発表が終わると、会場のみんなで歌を歌いました。会場全体が一つとなり、楽しい笑顔が広がりました。

紙相撲のレクリエーションもおこない、埼玉から参加した仲間や長野県の仲間が巨大紙相撲の白熱した戦いで盛り上がりました。

◎まとめ

さまざまな発表がありましたが、現在の生活で苦労していること、自分の願いや思い、目標などを再確認しました。みんないろいろあるけれど、これからもステキな将来に向かって、がんばっていきましょう！ということで分科会が閉会となりました。

なかまのすてきな意見で満ち溢れた良い分科会になりました。

（文責　白井孝之）

学習講座

8月4日（日）
長野市生涯学習センター
（トイーゴ）

9：30～12：00　大学習室２・３

①発達保障とは何か

講師　越野和之

こしのかずゆき　奈良教育大学
全障研委員長

13：00～14：30

大学習室２・３

②手のかかる子が愛おしく思えるとき

講師　村岡真治

むらおかしんじ　ゆうやけ子どもクラブ代表
障害のある子どもの放課後保障全国連絡会副会長

大学習室１

③障害者権利条約実現の焦点と課題

講師　薗部英夫

そのべひでお　全障研副委員長
日本障害者協議会副代表

14：50～16：20

大学習室２・３

④教育実践と発達保障

講師　川地亜弥子

かわじあやこ　神戸大学

大学習室１

⑤すべての人の教育と安心して受けられる医療を求めつづけて――長野の障害者運動のはじまりと今

講師　原　金二

はらきんじ　長野県障害者運動推進協議会副代表

記録とまとめ

第53回全国大会の成果と課題

全国障害者問題研究会全国委員長　**越野和之**
同　　　　　副委員長　**中村尚子**

守ろう　平和・いのち・人権
学びあおう　発達保障

このテーマのもと、2019年８月３日（土）、４日（日）の二日間、長野市内５会場において、全国障害者問題研究会第53回全国大会を開催しました。本大会には、日本全国から1,800人が集いました。

１．全体会

８月３日、昼前から会場のホクト文化ホールへと急ぐ人の波が続きました。

開会を前にして力強い太鼓がホールいっぱいに響きます。障害のある子どもたちを中心とした県内の太鼓サークル「諏訪どんどん太鼓」と「長養さくら太鼓」による演奏、<親子でともに太鼓でつながる絆>で全体会の幕が開きました。「諏訪どんどん太鼓」は親子で15年以上取り組んできたそうです。また長年にわたって県内の障害のある子どもの太鼓サークル指導にあたってきた「諏訪聾太鼓連」代表の赤羽昭二さんには、このたびの演奏にご尽力いただきました。

金井修成さんと中澤桃子さんの進行のもと、全体会が始まりました。主催者からの挨拶として越野和之全国委員長は、開会にあたって養護学校義務制から40年間の諸権利の進展の課題を討論しようとよびかけました。つづいて原金二準備委委員長は、「平和こそがいのちや人権、社会保障全般の基盤」だと大会テーマ（上記）に込めた思いを述べました。

ご来賓の阿部守一長野県知事、加藤久雄長野市長から大会の成功にむけた祝辞を、中内福成障全協会長から連帯の挨拶をいただきました。この場を借りて、お礼申し上げます。

今大会の課題――基調報告と重点報告

塚田直也常任全国委員が今大会の基調報告を行いました。前回大会からの１年間を中心に、障害のある人の権利をめぐって共有すべき動向――そこには障害者雇用率をめぐる「水増し」問題や旧優生保護法の問題など、権利侵害の実態も含まれますが――と背景にある国内外の動向に留意しつつ、ライフステージにそった情勢と今後の研究運動の課題が提起されました。

重点報告は基調報告を補いつつ、特に今年深めいたいテーマを報告します。今回は、原金二大会準備委員長が「『義務制40年』長野県の取り組み　憲法12条の具現化をめざして」と題して報告しました。就学猶予・免除をなくすために学校建設を実現したことを源流のひとつとして、すべての子どもの教育権保障を求める運動を連綿とつづけ、政策化し要求を実現してきた長野の取り組みに学びました。

二つの報告を通して、「運動によって変わっていくものだということを知ることができた」「微々たる力だが、自分も少しずつでも発信していきたい」といった感想に表されるように、「明日」への力を得たとの声が聞かれました。

「いつもと同じ道だけど」――文化行事

「いつもと同じ道だけど歩くとわかることがある…」長野県立伊那養護学校中学部生の小林宏夢さんの詩から生まれた大会歌と踊りの構成劇。小林さんの学校の同級生、地域のダンスグループや歌が好きな仲間たちが舞台ではじけ、会場のいっぱいに感動が広がっていきました。「生きる喜びがしっかり伝わりました。ステージのようすがそのまま生かされる社会にしなければ」「一人ひとりの個性や笑顔が光っていて本当に楽しかった」といった感想が寄せられています。

無言館からのメッセージ――記念講演から

記念講演演者の窪島誠一郎さんは、長野市の隣市、上田市にある美術館「無言館」の館主です。無言館に集められ展示されている絵画の作者は「戦没画学生」と言われますが、窪島さんは「戦争で亡くなった絵描きの卵たち」「生きて帰ったら絵描きになりたいという夢をもちながら戦地から帰ってこられなかった人たち」と表現しました。自身の来し方を語りつつ、無言館を開くことになったいきさつと、そこに展示しているいくつかの作品を紹介しました。参加者は無言館を訪れたことのない人も含めて、その一枚一枚を心に描きながら聞いたことと思います。「彼らが必死になって描きたい、もっといい絵を描きたいと込めた情熱に、戦争から74年経った私たちは応えているのだろうか」という窪島さんの問いかけに、参加者は深い感動とともに「いまを生きる私たちの生き方が問われている」という思いを抱いたと語り合っていました。

2．学習講座

4日（日）、長野市生涯学習センターを会場に学習講座を開催しました。午前は越野和之全国委員長（奈良教育大学）による「発達保障とは何か」を全体で学び、午後は4講座を開講しました（講師とテーマは本誌114ページに掲載の通り）。

越野さんは、養護学校義務制から40年の歴史を法や制度、そして実践の発展と人権保障のあゆみからていねいに語り、発達保障論が社会の矛盾の中で生まれ、発展してきたことに確信をもって、「理論と実践を統一的にとらえた」研究運動をともにすすめていこうと呼びかけました。「それぞれの歴史から日常の支援とのつながりを学ぶことができた」「これまで学んだ発達保障について頭が整理された」といった感想が寄せられています。

村岡さんは、放課後等デイサービスである「ゆうやけ子どもクラブ」代表であると同時に、障害のある子どもの放課後保障全国連絡会の副会長。1978年からかかわってきた「放課後」実践の中から、子どもの行動の奥にあるものを理解すること

を具体的な子どもの姿を示しながら語りました。

薗部さんは、障害のある人の人権保障における障害者権利条約の位置づけを示しつつ、最先端で取り組まれている国連・障害者権利委員会での日本政府の報告審査の模様、これにたいする国内障害者団体の統一した取り組みの意義を講義しました。

川地さんは、自身の発達保障の理論や実践との出会いを語りながら、生活や集団のなかで子どもたちが紡ぎ出すことば（綴り方）に共感しつつ子どもを理解することの重要性について話しました。「子どもに手渡したい文化（教育内容）を吟味し、子どもたちと一緒に味わい楽しむ」と結んでいましたが、具体的な子どもの姿が浮かんでくるお話でした。

原さんは、全体会の特別報告につづくお話でした。「この憲法が国民に保障する自由及び権利は国民の不断の努力によって、これを保持しなければならない」という憲法12条を生かそうと、義務教育制実施以降もこれを充実・拡大していくことと、福祉医療給付制度の改善に向けて運動について話されました。

講座全体を通して、学校や成人の職場などの違いをこえて、子どもや保護者のねがいを聞き取ることの大切さを学んだ、もっと学んで条約を生かす行動を起こしたい、自分の生きて意味を考えた、日々の支援を改めて確認する時間となったといった感想が聞かれました。

3．分科会討論の特徴

今大会では、37の常設分科会と4つの特別分科

会を設定して、全国各地から持ち寄られた実践や運動の報告（レポート）をもとに、障害者の権利保障と発達保障を実現するための今日的な課題について、活発な討議が行われました。『レポート集』に掲載された報告は101本、それぞれの分科会において「特別報告」などとして語られた各地の報告を含めれば、さらにたくさんの経験が報告され、交流されたことになります。その詳細はそれぞれの分科会報告に譲ることにして、ここでは、今大会の基調報告が「研究運動の課題」として提起した４つの柱に沿って分科会討議の特徴を述べます。

「障害者の権利を守り、発達を保障する」思想を深く学ぼう

大会基調報告は、障害者に対する深刻な権利侵害の状況を前に、障害者と家族の「味方になる」ためには、人権思想とその歴史的な発展に深く学ぶことが重要であると述べ、障害者権利条約の到達点と、わが国における発達保障思想の「合流」のイメージを鮮明に、と提起しました。この課題に直接に響き合うのは、「養護学校義務制実施40年」を契機に設定された特別分科会での報告と討論でしょう。40年前の「養護学校義務制」は、ベテランの参加者にとっては「私の原点」であっても、青年層にとっては直接の経験を超えた「学ぶ対象」です。そうした参加者をつなぐ報告として、現在放課後等デイサービスの職員である渡辺さんは、就学猶予だった「いとこのお兄さん」のこと、その彼が養護学校義務制によって中学から学校に通うようになったことなどを、自身の子ども時代のこととして報告し、「少し前まであたりまえでなかったことがどうやってあたりまえになってきたのか」を考え、記憶し、伝えていくことの大切さを述べています。報告を受けた討論では、各地域での教育権保障をめぐる歴史的経験を交流し合うとともに、今日の学校教育における深刻な諸課題についても、障害者権利条約と、そのゆたかな実現をめざすJDFパラレルレポートなどに照らして討論しました。権利保障運動の歴史と障害者権利条約が、今日の課題を鮮明にし権利侵害をなくしていく運動に確信を与えているのです。

同様の討論は他の分科会でも行われています。「親、きょうだい、家族」の分科会では、鹿児島の佐々木さんが、ご自身の「家族にとっての障がい者問題」について報告するとともに、障害者権利条約の前文および第23条などを踏まえて、「家族福祉からの転換」を訴え、これは分科会討論の「持つべき視点」と位置づけられました。それぞれの分科会における共同研究者などからの分科会基調の提案と、それにもとづく討論も、とりわけ初参加者や若い参加者に、権利保障をめざす実践と運動への確信を伝える大切な役割を果たしました。

目の前の事実から出発する研究運動の展開を

現実に潜む権利侵害の事実を具体的に明らかにし、そのうちに秘められた「人間らしく生きたい」という障害児者・家族のねがいをていねいに聴きとる調査活動は、私たちの研究運動の重点の一つです。

「就学・修学と教育条件整備」分科会では、開催地長野の木曽地区から、通常の学校および特別支援学校における特別支援教育の現状と課題に関する調査研究の結果が報告されています。この報告では、特別支援教育担当者の年齢を見ると50歳台の教員が４割を超えているなど、専門性の維持に課題があること、職場における共通認識の形成に困難があることなどが報告され、実施から13年目を迎える特別支援教育体制の脆弱さとそれを乗り越えていくための課題が示されました。

一方、「障害者運動」と「まちづくりとバリアフリー」の分科会では、防災に関わる調査のとりくみとその結果などが報告されています。長野県千曲市からの報告（「まちづくりとバリアフリー」）では、自治体における防災対策と広報などに関する調査の結果が示され、「障害者・家族には防災対策・情報が伝わっていない」「災害に対して多様な不安とあきらめをもっている」「福祉避難所について知っているのは１％のみ」などの事実をもとに、自治体への提言が行われています。滋賀からの報告（「障害者運動」）は障害当事者団体としてとりくんだ調査活動の経過報告ですが、千曲市の報告と同様に防災情報の周知が不

徹底な状況を明らかにするとともに、自身の調査結果を示すことが、行政等によるより大規模な調査のきっかけとなることをねらっています。

それぞれの報告とそれを受けた分科会討論は、共通に「小さな事実」であっても、それを具体的に明らかにすることが地域における権利保障運動の契機となることを示しています。困難な状況の中でも、「小さな事実」を持ち寄って、そこに潜む権利侵害の事実を明らかにする研究運動の発展がひきつづき求められています。

実践を語りあい聴きとりあって、ねがいでつながろう

障害のある子どもや仲間たちの人間的な発達をねがって取り組まれた実践の報告は、それぞれの分科会によせられた報告の中でも、もっとも層の厚い領域です。今大会の基調報告は、「一人ひとりが実践を語り、綴ること」「そこに込められた実践者のねがいと、子どもや仲間の変化をていねいにつかみ、意味づけること」を提起し、「同じように悩みながら取り組まれてきた先行する実践との出会いをつくる」ことを訴えました。各分科会では、この提起に応えて、実にゆたかな報告と討論が展開されました。

学齢期では、どの分科会でも若い参加者によるレポートが少しずつ、しかし確実に増加しつつあります。分科会の発足から47回目という「交流・共同教育、障害理解学習」の分科会では、いずれも「若手」の３本のレポートがベテランの司会者、共同研究者を含む討論でじっくりと深められ、「今の時代にあった新しい交流や共同教育、障害理解学習」の探究への決意が表明されたといいます。世代を超えた実践の交流と、子どもたちのゆたかな発達を志向する実践的探究の新たな息吹は、他の分科会でも数多く見られました。

乳幼児期の分科会では、保育・療育の場の違いや障害の種別による違いなどに留意しながら、障害のある子どもたちの発達へのねがいを共感的に理解することと、そのねがいに応えるための実践のあり方について深められました。たとえば「発達のおくれ」分科会では、２本の実践レポートをもとに、単に「できる」ことではなく、子ども自身が主体となってできることの重要性、歩行の力などの運動面の発達も子ども自身の目的性をもった活動の中で追求すること、集団づくりの課題、イメージの世界につなげる絵本などの文化の大切さなどが討議されています。子どもを「機能の束」としてではなく一人の人間として理解すること、子ども時代にふさわしい毎日の生活を用意する中で、その発達を実現していくことなど、発達保障を志向する実践に大切な原則が共有されました。

発達保障思想の深化にむけて

多彩な実態調査報告や実践報告と、そのねうちを参加者みんなで共有し、さらに障害者権利条約や発達保障思想の今日的な到達点と結びつけようとするていねいな討論を通して、多くの参加者が、明日からの実践や運動のためのヒントや指針を持ち帰っていただいたものと思います。そのようにして、今大会で得たエネルギーをもとに、それぞれの地域の、それぞれの現場で創意あるとりくみがなされ、その成果と課題が再び大会などに持ち寄られ、集団的な討論によって深められていくことを通して、人権思想・発達保障思想をさらに深化させていくための論点も明確になっていきます。本大会でそれぞれの参加者が学んだこと、受け取ったものを、ぜひご自身の地域、現場でのとりくみにつなげていただきたいと思います。

なお、８月３日、全体会終了後、第53回全国総会を開催、2019年度の活動方針と役員等について話し合いました。第54回全国大会は、９月12日～13日、北海道旭川市で開催されます。３回目となる北海道での全国大会は、これまでの分科会の成果を土台に、乳幼児期、学齢期、成人期、権利保障などやや大きな括りでの討論を行う予定です。

最後になりましたが、さまざまな困難を乗り越えて、３回目となる長野県での全国大会を成功に導いてくださった関係するみなさんに、改めてお礼申し上げます。

大会準備活動のまとめ

第53回全国大会準備委員会事務局長　**太壽堂雄介**

1．3度目の長野大会開催へ

今大会は、1983年、2004年に続き、3度目の長野開催となりました。2015年の岐阜大会で長野大会の開催依頼があり、2016年3月の支部総会にて協議し開催を決定しました。ただし、時期については支部の事情もあり、当初打診されていた2018年ではなく2019年の開催となりました。大会を受けるということは本当に大変なことで、前回大会終了時には「もう長野で開催することはないだろう」という雰囲気すらあったと聞いています。3年余りの準備期間がありましたが、日常的に支部のメンバーが顔を合わせる機会がなかったこと、前回大会から15年という期間があいていたことから、過去2回の開催経験を生かしてすぐさま動き出すという雰囲気にはなりませんでした。実際、準備期間の前半2年間はほとんど動きをつくることができずに過ぎていきました。

2．準備委員会の開催

重い腰を上げ、第1回の準備委員会を開くことができたのは2018年2月でした。正式に大会準備委員長や準備事務局長などの役員が承認され、実質的に準備活動がスタートました。プレ企画について検討する中で、当時『みんなのねがい』に連載中の白石恵理子さん（滋賀大学）を招いて成人期の発達保障について学習したいというねがいが出され、計画をすすめていくことになりました。

当初2ヵ月に1回のペースで開催していた準備委員会では、準備活動の手引きを読んだり役割分担をしたりしました。また、具体的なイメージをもつためにも第52回の埼玉大会へみんなで参加しようと呼びかけました。埼玉大会当日は、早朝に長野駅を出発し、広い長野県内に点在するメンバー22人を貸切バスで拾いながら川越に向かいました。新幹線を利用すれば1時間半で到着するみちのりを、実に5時間以上もかけてのバス旅でした。その分、自己紹介や近況報告、全国大会への思いや参加してみての感想など、車内でたっぷりと交流ができ、翌年に迫った長野大会へ向けて結束が高まりました。

長野大会開催まで1年を切ってからは準備委員会を毎月開催し、そこに集うメンバーも少しずつ増えてきました。とはいうものの、この間の支部活動の弱さや組織的に準備委員会へ参加する「構成団体」がなかったこともあり、集まってくるのは十数人。前回大会の半分ほどの人数で大会準備をすすめてきました。また、前回大会では準備期間中に専従のスタッフを配置することができましたが今回は叶わず、全員がそれぞれ仕事をしながらなんとか時間をやりくりして準備をすすめるという状況でした。5月にようやく準備委員会の事務所を開設しましたが、スタッフがいないため荷物の保管場所としての位置づけが大きかったように思います。それでも6月中旬からは毎週末、仕事終わりに事務局メンバーが事務所に集まり、準備状況の確認や今後のとりくみについて話し合うことができました。大会直前の第15回準備委員会には、「何かできることがあれば」と初めて顔を出してくれた人もおり、たくさんの方の力をあわせてなんとか2日間の大会を運営できる状況までこぎつけました。

3．分科会会場確保では困難に直面

全体会の会場は大会開催が決まってから間もなく押さえることができましたが、分科会会場の確保には大きな困難がありました。信州大学は県内各地にキャンパスをもついわゆる「タコ足」大学のため、一つひとつのキャンパスは小規模で、41ある分科会と学習講座のすべてをカバーすることはできませんでした。2018年の埼玉大会のように市内の学校を使用させてもらうことも考えましたが、長野県は公立小中学校にエアコンが十分に整備されておらず、近年の暑さを考えると現実的ではありませんでした。それでも、なるべくまとまって部屋を確保できる会場をと思い、市内に新設された大学やエアコンが整備されている比較的新しい高等学校に打診をしましたが、いい返事はいただけませんでした。悩んだ末に「エアコンは必須！」「会場数が増えても仕方がない」と決断して再スタートを切り、５会場を確保しました。そんな折に、2004年の長野大会でも使用した長野西高校に全面的にエアコンが入ったという情報を得ました。さっそくお願いに伺ったところ、県教育委員会が後援するならば借用可との返事をいただきました。最終的には当初借用予定だった２つの会場をキャンセルし、4つの会場での運営となりました。

4．大会を形づくる「テーマ」

大会テーマの決定に向けては、たくさんの議論がありました。障害者を取り巻く社会情勢やさまざまな事件の背景について考え、福祉や教育の現場が抱える課題を出し合いながらメンバーのおもいを紡いでいきました。「個人の尊厳やいのちが大事にされ、生きることのよさを実感できる大会にしたい」「経済的な生産性ばかりが強調されるいま、全障研が大事にしてきた発達保障の理論と実践を学びあいたい」「大会テーマは、誰にでも伝わるようになるべく簡単な言葉でつづりたい」と、何度も文言を練り直しました。最終的に全国常任委員会での検討も経て「守ろう平和・いのち・人権　学びあおう発達保障」に決まりました。

大会テーマは文化行事や記念講演の内容を考えていくうえでも重要でした。文化行事に出演してくれた団体は、ふだんから全障研とつながりが

あったわけではありません。それどころか活動地域やメンバーの年齢もさまざまでしたが、大会テーマや文化行事の趣旨に賛同していただき、みんなでひとつのステージをつくっていくことができました。

大会テーマを深める記念講演には、発達保障の観点から話をしてくれる方や長野県内の方など複数の候補をあげて検討してきました。最終候補に残った３人の中で第一候補となった窪島誠一郎さん（無言館館主）に打診したところ、快く引き受けてくださいました。その結果、「守ろう平和・いのち・人権　学びあおう発達保障」という大会テーマが全体会のすべてのプログラムを貫き、大会を形づくることとなりました。

5．ありのままを見てもらいたい

文化行事について、もう少し触れておきたいと思います。大会テーマが決まり、生きることのよさやすばらしさを感じられるステージにしたいと構想を練りました。当初、発表慣れしている団体や大きな事業所にある程度お任せすることも考えられました。しかし、小林宏夢くんの詩と出会い、構想は一変します。つくりこまれた完成度の高いステージよりも、ふだんのありのままの姿にこそすばらしさがあるのではないか。各地で取り組まれている日常的な表現活動をベースに、うまいとかへたとかではなく、ありのまま感じるままに表現するステージにしようという方向性が決まりました。また、出演者と観客という形ではなく、会場にいるみんなでつくりあげていくステージにしたいというねがいもありました。

宏夢くんの詩に感動した温井猫さんがメロディーをつけてくださり、テーマソングとなりました。県内各地の個人や団体に大会テーマや文化行事の趣旨を話して出演者を募りました。しかし南北に長い長野県で出演者が一堂に会することは難しく、中信地区と北信地区で１回ずつワークショップを行うことにしました。テーマソングや振り付けはインターネットの動画共有サイトも活用しながら、たった２回のワークショップのみで当日を迎えました。当日になって初めて全員で顔を合わせた出演者のみなさんでしたが、つくりこみすぎない台本とゆるめの雰囲気のおかげで、アドリブ満載の楽しいステージとなりました。記念講演をしてくださった窪島さんからも「不揃いの統一感」という言葉を用いて、みんな見事にバラバラでありながらも一つの方向に向かって懸命に取り組む姿のすばらしさを評価していただきました。あらためて全障研の懐の深さとめざす方向性の確かさを感じることのできた文化行事でした。

また、歌うことや話すことが上手な人だけでなく、部屋にこもって制作活動をしている仲間の表現も見ていただきたいと思い、「生きることつくること展」を開催しました。宏夢くんの詩をはじめ、県内各地から数々の作品が集まり、たくさんの方に見ていただくことができました。オープニングの太鼓演奏も含め、さまざまな表現活動を通して生きることのよさや喜びを伝えられたのではないでしょうか。

6．全障研を知ってもらいたい

大会に向けて全障研のことや全国大会について知ってもらいたいとねがい、準備委員会として６回のプレ企画を行いました。しかし、なかなか思うように参加者は集まりませんでした。支部のメンバーが教員中心であったことから、とりわけ福祉関係者への広がりは課題でした。参加者が１桁という企画もありましたが、メンバーが地道に呼びかける中で少しずつではありますが参加者も増え、全障研の活動に共感してくれる人も出てきました。なかでも第１回の準備委員会で提起された成人期の学習会には、会場となったエコーンファミリーの関係者を中心に100名を超える参加がありました。この学習会の文化企画で歌を披露してくれたみなさんが、全国大会のステージにも立ちたいと言ってくれたこともあり、大会成功に向けて鍵となる企画だったように感じます。また、教職員組合や長野県障害者運動推進協議会とも連携しながら学習を重ね、大会参加の呼びかけを行ってきました。

全障研大会について知ってもらおうと、県内すべての小中学校、障害児学校に大会案内を約3,500部送付しました。また、保育園や福祉事業所、障害者団体にもくまなく大会案内を送付しました。それでもやはり重要なことは直接のお願いで、つながりのある保育園や障害者団体などから複数名での参加があったことは大きな成果でした。

もうひとつ忘れてはならないのが、ボランティアで参加してくれた学生のみなさんの存在です。長野市内の高校や専門学校などに呼び掛けたところ、たくさんの方にお手伝いをいただくことができました。ボランティア説明会では、全障研の活動や全障研大会について知ってもらうとともに、障害のある方への理解や必要な支援について学びました。当日は、参加者に「来てよかった」と思ってもらえるよう心を配って活動する姿がありました。大会への参加を通して障害者をとりまく諸問題に関心をもち、さらに学んでいくきっかけとなればと願っています。

7．大会を終えて

全国からたくさんのご参加、本当にありがとうございました。何もわからない状況から始まった準備活動でしたが、なんとか２日間の日程を終えることができました。53回つないできたバトンを次の北海道大会に託すことができ、ひとまずほっとしています。今回の大会は準備委員会の中で中心となるような構成団体がなく、全障研の活動に思いを寄せる一人ひとりが力を出し合ってつくりあげてきました。まさに手づくりの大会です。

大きな規模の大会を開催することは本当に大変ですが、そのぶん得るものもたくさんあります。

支部のつながりを再確認できたこと、経験豊富なベテランだけでなく、20代～40代のメンバーがいくつかの部署で中心的な役割を担うことができたことなど、大会がなければ感じられなかったであろう変化も生まれてきています。この成果を今後の活動にどう生かすのか、大会の真価が問われるのはこれからなのかもしれません。

また、大会運営にあたっては全障研の活動に参加をしたことがない人たちにもたくさん参加していただき、この大会をきっかけに全障研を知ってもらうことができました。これまで障害のある人とほとんどかかわったことのなかった方が、ボランティアスタッフとして参加して「とてもいい経験をさせてもらった」と感謝の言葉を寄せてくれました。全体会のステージは障害当事者だけでなく、家族も一緒になって楽しみながらつくりあげてきました。さまざまな立場の人が集い、平等の立場で語り合い学びあうという全障研のよさが凝縮されたような2日間でした。あらためて、全障研が果たす役割の大きさや大切さを実感しました。

参加者からうれしい感想もたくさんいただきました。大会の成果は現地のものだけではありません。参加したみなさんが各地へ持ち帰って、また明日からの実践を積み重ねてくれていることと思います。みんなで成果を分かち合い、平和・いのち・人権を大切にした社会をつくっていければと思います。

準備活動日誌

2015年

8月8日　岐阜大会にて荒川委員長（当時）より長野大会の開催について打診

2016年

3月13日　支部総会にて2019年度長野大会開催受諾決定

2017年

11月12日　大会準備委員会立ち上げのための会

2018年

2月12日　第1回準備委員会…準備委員長・準備事務局長など役員決定

3月31日　第2回準備委員会…『準備活動の手引き』読み合わせ

5月20日　第3回準備委員会…各部担当者について確認

7月16日　第4回準備委員会…大会テーマについて

8月4日・5日　埼玉大会へ貸切バスで24名参加

9月1日　第5回準備委員会…記念講演、学習講座、分科会会場について

10月21日　第6回準備委員会…大会テーマ決定／プレ企画①「子どもの『心』に出会うとき――放課後活動で、子どもの人格を育てる」村岡真治さん（8名）

11月24日　第7回準備委員会…記念講演講師決定／プレ企画②「障害のある人の発達保障～成人期のなかまたちが教えてくれること～」白石恵理子さん（約100名）

12月8日　プレ企画③「支援が困難な事例に向き合う発達臨床～発達障害を中心に」別府悦子さん（23名）

2019年

1月27日　第8回準備委員会…特別分科会について／プレ企画④「障害のある子どもの『心』に出会う―手のかかる子が愛しいと思えるとき」村岡真治さん（31名）

2月23日　第9回準備委員会…テーマソング決定、文化行事について

3月30日　第10回準備委員会…後援団体、記念グッズについて

3月31日　ホテル下見

4月27日　第11回準備委員会…記念Tシャツのデザイン決定、大会要項について／プレ企画⑤「子どもも親も職員もいまより少し幸せを感じられるために」近藤直子さん（47名）

5月1日　事務所開き

5月25日　第12回準備委員会…参加者、レポート、要員組織、分科会会場問題について

6月15日　全体会文化行事ワークショップin松本

6月16日　第13回準備委員会…各部の進捗状況を確認

7月10日　会場下見

7月13日　第14回準備委員会…全体会司会者の決定、各部の進捗状況について／プレ企画⑥「すべての人の教育と安心して受けられる医療を求めつづけて」原金二準備委員長（13名）／全体会文化行事ワークショップin長野

7月15日　ボランティア説明会

7月28日　第15回準備委員会…実務要綱について

8月2日　前日準備

8月10日　事務所引き払い

8月31日　総括会議

保育・なかまのつどい

わくわく楽しい保育

8月3日（土）ホクト文化ホール

12：00　受付開始（中ホール ホワイエ）
13：00　歌、パネルシアター、ダンス、じゃんけん列車、ふうせんバレー等
14：30　おやつ
15：00　乳児・障害重度・幼児グループ：ゆったり過ごす、お昼寝、おもちゃあそびなど
　　　　小・中・高グループ：太鼓リトミック、太鼓あそびなど
16：00　お迎え（中ホール ホワイエ）

2日目8月4日（日）長野西高校

8：30　受付開始
9：30　パネルシアター、歌に合わせてリトミック
　　・ゆっくりグループ：ふれあい歌、手遊び、絵本読み聞かせ、シーツブランコ、お絵かき、塗り絵
　　・体験しよう作ってみよう：すごろく、かるた、紙飛行機とばし、水風船
　　・体を動かして：ペットボトルボーリング、バランスボール
　　DVD鑑賞、シャボン玉
11：30　昼食準備、お弁当
13：00　お昼寝、自由遊び、すいか割り
15：00　おやつ
15：30　自由あそび
16：00　帰りの会
16：30　お迎え

なかまのつどい

8月3日（土）ホクト文化ホール

12：00　受付
13：00　①自己紹介（どこからきたの）
　　　　②みんなで歌おう！
　　　　③お天気がよければ若里公園ですごす：ボール、シャボン玉、散策など
16：00　お迎え

8月4日（日）8：30集合　長野駅東口

9：30　長野市少年科学センターへ移動（マイクロバス）
10：00　①少年科学センターですごす（ボールプール、大型シャボン玉、模倣電車、滑り台）
11：30　昼食　センター内
13：00　②博物館で楽しもう！
　　　　川中島古戦場史跡公園に移動（マイクロバス）
15：30　川中島古戦場史跡公園　出発
16：20　信州大学教育学部　着
16：30　お迎え

大会速報「善光寺の鐘」

速報「善光寺の鐘」は第7号まで発行しました

全国障害者問題研究会第53回全国大会にご参加の皆様、ようこそ長野県へお越しくださいました。

速報タイトルは「善光寺の鐘」としました。善光寺は長野市元善町にある寺院で、創建以来1400年の長きにわたって民衆の心の拠り所として深く信仰を得てきました。

善光寺の本堂に向かって手前右側にあるのが鐘楼です。1853年に再建された檜皮葺の建物で、南無阿弥陀仏の六字にちなんで６本の柱で建てられています。

梵鐘は1667年鋳造の名鐘であり、重要美術品に指定されています。毎日午前10時から午後４時の毎正時に時を知らせる鐘として親しまれており、1996年には「日本の音風景百選」にあらばれました。また、1998年２月７日の長野冬季オリンピックでは、この鐘の音が開会の合図として全世界に響き渡りました。

全障研53回全国大会での様子が、この速報「善光寺の鐘」によって参加の皆様へ広がり、大会の成功へとつながればと願っております。

２日間どうぞよろしくお願いします。

（「善光寺の鐘」第１号　8月3日発行より）

全国障害者問題研究会　第53回全国大会　長野2019 速報　「善光寺の鐘」

全国障害者問題研究会

第53回全国大会　長野2019　速報

善光寺の鐘　第4号　2019年8月3日発行

いよいよスタート！長野大会2019！

親子でともに太鼓でつながる絆

全国障害者問題研究会　第53回全国大会　長野2019 速報　「善光寺の鐘」

全国障害者問題研究会

第53回全国大会　長野2019　速報

善光寺の鐘　第5号　2019年8月4日発行

記念講演「無言館のこと」　窪島誠一郎さん

全国障害者問題研究会　第53回全国大会　長野2019 速報　「善光寺の鐘」

全国障害者問題研究会

第53回全国大会　長野2019　速報

善光寺の鐘　第7号（最終）　2019年8月4日発行

大会アピール　国民のみなさんへ

障害者の権利を守り、発達を保障するために、理論と実践を統一的にとらえた自主的民主的研究運動の歩みを積み重ねてきた全国大会は、今年で53回目を数えます。ここ、長野で3度目の開催でした。

全国障害者問題研究会　第53回全国大会　長野2019 速報　「善光寺の鐘」

全国障害者問題研究会

第53回全国大会　長野2019　速報

善光寺の鐘　第6号　2019年8月4日発行

４会場に分かれて、分科会で学び合いました。

「なかまの分科会」信州大学会場

「教科指導と授業づくり」トイーゴ会場

「保育所・幼稚園における保育・療育」長野西高会場

「多動な子・集団参加が困難な子」長野西高会場

「自閉症・自閉的傾向」長野西高会場

農協ビル会場

全国障害者問題研究会　第53回全国大会　長野2019 速報　「善光寺の鐘」

全国障害者問題研究会

第53回全国大会　長野2019　速報

善光寺の鐘　第1号　2019年8月3日発行

ようこそ、長野へ！

全障研第53回全国大会 長野2019　ご来賓の皆様

小林宏夢 詞
温井 猫 曲

道 全障研大会・長野2019テーマソング

Am Em D7 G7 C Am
くものー すにもー いろがある いっしょうーけんめい
Dm G7 Dm G7 F G7 C
いきている いっしょうーけんめい かがやいーて
C F G7 C C F G7 C
いつもとー おなじー みちだかー ら
C F G7 C Am Em
あるいてー きづいたー こともあーる となりでーみあげてた
Dm G7 Am Em D7 G7
おかあさーん となりでー かたをー ならべてーる
C Am Dm G7 Dm G7
ぼくもーおおきく なったんだ あるいてーきづいた
F G7 C C Am Dm
ことだった いっしょうーけんめい いきてい
G7 Dm G7 F G7 C
る いっしょうーけんめい あるいてる

後援・協賛団体一覧

大会ポスター

■後援■

長野県／長野県教育委員会／長野県社会福祉協議会／長野市／長野市教育委員会／長野市社会福祉協議会／長野県小学校長会／長野県中学校長会／長野県特別支援学校校長会／長野県高等学校長会／信濃教育会

信濃毎日新聞社／中日新聞社／読売新聞長野支局／朝日新聞長野総局／毎日新聞長野支局／長野市民新聞社／NHK長野放送局／SBC信越放送／NBS長野放送／TSBテレビ信州／abn長野朝日放送

■協賛■

日本障害者協議会／障害者の生活と権利を守る全国連絡協議会／きょうされん／全国肢体障害者団体連絡協議会／全国手話通訳問題研究会／全国障害者とともに歩む兄弟姉妹の会／全国心臓病の子どもを守る会／全日本視覚障害者協議会／全日本ろうあ連盟／日本自閉症協会／日本知的障害者福祉協会／日本てんかん協会／人間発達研究所／ひかり協会

■現地協賛■

公益財団法人日本教育公務員弘済会長野支部／長野県社会保障推進協議会／長野県保険医協会／福祉医療給付制度の改善をすすめる会／長野県高等学校教職員組合／長野県教職員組合／長野県障害児学校教職員組合／ＮＰＯ法人ポプラの会／新日本婦人の会長野県本部／社会福祉法人稲田会／長野県身体障害者施設協議会／社会福祉法人長野県視覚障害者福祉協会／社会福祉法人長野県聴覚障害者協会／公益社団法人長野県社会福祉士会／特定非営利活動法人長野県相談支援専門員協会／特定非営利活動法人信州難聴者協会／きょうされん長野支部／長野県精神保健福祉士協会／長野県医療労働組合連合会／長野医療生活協同組合／特定非営利活動法人長野県セルプセンター協議会／ちごちごの会／長野県医療ソーシャルワーカー協会／長野県難病患者連絡協議会／生活協同組合コープながの／長野県手をつなぐ育成会／公益社団法人日本てんかん協会長野支部／長野県民主医療機関連合会／全国福祉保育労働組合長野支部／公益社団法人日本てんかん協会長野支部／長野県障害者運動推進協議会

（順不同）